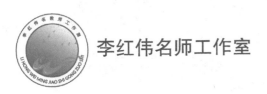

李红伟名师工作室

U0624929

「悟理」教育

科学思维培养策略研究

WULI JIAOYU

KEXUE SIWEI PEIYANG CELÜE YANJIU

李红伟 ／ 编著

东北师范大学出版社

长 春

图书在版编目（CIP）数据

"悟理"教育：科学思维培养策略研究 / 李红伟编
著.—长春：东北师范大学出版社，2023.8
ISBN 978-7-5771-0460-7

Ⅰ.①悟… Ⅱ.①李… Ⅲ.①中学物理课—教学研究
Ⅳ.①G633.72

中国国家版本馆CIP数据核字（2023）第150547号

□ 责任编辑：石　斌　　　□ 封面设计：言之凿
□ 责任校对：刘彦妮　张小娅　□ 责任印制：许　冰

东北师范大学出版社出版发行
长春净月经济开发区金宝街 118 号（邮政编码：130117）
电话：0431-84568023
网址：http：//www.nenup.com
北京言之凿文化发展有限公司设计部制版
北京政采印刷服务有限公司印装
北京市中关村科技园区通州园金桥科技产业基地环科中路 17 号（邮编：101102）
2023年8月第1版　2023年10月第1次印刷
幅面尺寸：170mm×240mm　印张：16.5　字数：268千

定价：58.00元

名师工作室情况介绍

工作室Logo

（1）整体以蓝色为基调，体现学科前景广阔，学科思想深邃。

（2）中间由字母W、L组成，是"物理"二字中文拼音的第一个字母，体现工作室物理学科特点；也是"悟理"二字中文拼音的第一个字母，体现"齐研共修、携手共进，共'悟'物理精彩"的工作室理念。

（3）大雁群组成倾斜的"人"字，寓意工作室学员是个整体，每只大雁就犹如每一位成员，朝着共同目标努力；承认个性化差异，重视个性化发展；希望学员能展翅高飞、鹏程万里；同时体现以学生为本（让学生参与课堂，让学生体验成功）的教学主张。

工作室理念

齐研共修、携手共进，共"悟"物理精彩。

专家团队成员

成员类别	姓　名	职　称	单　位
顾　问	潘仕恒	正高级教师	广州市白云中学
理论导师	熊建文	二级教授	华南师范大学
教研员	马北河	高级教师	广州市海珠区教育发展研究院
助手1	邓宏坤	高级教师	广州市第五中学
助手2	王宝方	一级教师	广州市第五中学

入室学员

姓名	性别	年龄（岁）	单位	学历	职称
兰海舰	男	41	广州市执信中学	本科	中一
曹卫东	男	38	广州大学附属中学	本科	中一
侯志兰	女	39	广州大学附属中学	硕士研究生	高级
闵 鑫	男	38	广州外国语学校	本科	中一
王宝方	男	38	广州市第五中学	本科	中一
姚美奇	女	40	广州市第五中学	本科	中一
熊 亮	男	31	广东梅县东山中学	硕士研究生	中一
陈 贺	女	35	广东阳山县阳山中学	本科	中一
廖 亮	男	31	广东英德市英德中学	本科	中一
王兵兵	男	36	广东清远市第二中学	本科	中一
罗丽兰	女	36	广东梅县东山中学	本科	中一
黄天宝	男	38	广东佛冈县佛冈中学	本科	中一

主持人李红伟

李红伟，中学物理正高级教师，任教于广州市第五中学，全国优秀教师，省特级教师，广东省中小学名教师工作室主持人，广东省中小学、教师校（园）长研训专家库成员，广东省校本研修示范学校首席专家，广州市中小学名教师工作室主持人，广州市首届特聘研究员，广州市中小学学科线上课程资源评审专家，海珠区名教师工作室主持人，海珠区物理教育研究会副会长，海珠区教育发展中心教师研训指导专家，广州大学、赣南师范大学硕士研究生导师。近年主持和参与省、市级课题十多项，在《物理教学》等物理教育期刊发表论文60多篇，出版专著1部。

王宝方

王宝方，2005年毕业于华中师范大学物理系，本科学历。广州市增城区优秀共青团干部、校团委副书记，广州市优秀竞赛辅导教师，广州市第五中学优秀教师，广州市第五中学优秀班主任。2016年获得区政府嘉奖，连续三届参加广州市青年教师技能大赛获海珠区初赛一等奖，第六届广州市青年教师技能大赛决赛一等奖，海珠区"明珠杯"教学比赛三等奖，海珠区"海教杯"教学比赛二等奖。为2017、2018学年海珠区物理中心组成员。

兰海舰

兰海舰，广东省第三批骨干教师培训班学员，广州市执信中学优秀青年教师。

连续8年担任广州市物理教研中心组成员，多次在全市教研活动中分享教学心得、毕业班备考经验、教材分析等。历任多届高三备长，承担多年教学工作，教学成绩优秀，所带备课组团队均获得高考突出贡献奖，连续3年被聘为广州市高考培优专家。历任4届高中物理竞赛教学工作，辅导的学生多人次获省一、二、三等奖，被评为广东省、广州市优秀物理竞赛辅导教师。

擅长利用现代教育技术辅助教学，《基于数据分析的高三理综备考》获广州市第十六届特约教研员优秀成果奖，主持学会科研课题《基于创新实验培育科学探究素养的有效教学研究》并获优秀等级奖，参与省"十二五"规划教研课题、广州市教育科学规划课题各一项。

曹卫东

曹卫东，中山大学物理系毕业，现任广州大学附属中学物理竞赛主教练、广东省教育考试省级命题骨干教师、广州市特约教研员、广州市高三统考命题组副组长、广州市高考研究组成员、广州市中学物理教研会中心组成员。在中学物理竞赛辅导方面颇有研究，辅导的学生获省级以上奖项百余人次，所教多名学生被北京大学、清华大学、中国科技大学等签约录取。被授予广东省物理竞赛优秀辅导教师、广州市骨干教师、广州大学附属中学十佳教师荣誉称号。

侯志兰

侯志兰，硕士研究生学历，从教13年，中学物理高级教师，现任广州大学研究生指导老师。2019年被聘为广州市第十八届中小学、中等职业学校特约教研员，同年被评为华南师范大学物理与电信工程学院学科教学（物理）专业硕士研究生实习导师，2017—2020年连续三年被聘为广州市中学物理学科教学研究中心组成员（高一到高三），所带班级高考成绩优秀。先后被评为优秀青年教师、优秀德育工作者、泛珠三角物理奥林匹克优秀教练员、广州大学附属中学骨干教师、广州大学优秀共产党员、广州大学附属中学优秀教师、广州大学师德标兵等。

姚美奇

姚美奇，中共党员，曾担任过物理备课组组长、理综大备长；担任过海珠区物理中心组成员、中心组组长，广州市物理中心组成员；受聘为海珠区第二届特约教研员；多次获海珠区政府嘉奖；获广州市海珠区第四届"海教杯"一等奖，广州市青年物理教师技能大赛海珠区初赛一等奖，海珠区"明珠杯"二等奖，广州市青年教师技能大赛二等奖，广州市高考突出贡献奖。多次被评为广州市第五中学优秀党员、优秀班主任、优秀教师。

陈贺

陈贺，中共党员，本科学历。在任教期间两次基本功比赛获得县一等奖、市二等奖，以及"最佳学科基本功展示"奖；多次获得市级优课；多篇论文发表在《阳山教研》或者省级、国家级刊物上并获奖；曾参加市级课题并获得成果奖二等奖，正在参与两个省级课题，自己主持一项市级重点课题；辅导学生参加青少年科技创新大赛并且多次获得县一等奖，市一、二等奖；获得过阳山县人民政府颁发的"高中教育教学质量奖"、阳山中学高考贡献突出奖，获得阳山中学优秀教师、阳山中学优秀班主任、阳山中学德育标兵、阳山县优秀教师、阳山县优秀共产党员、2022年广东省高考优秀评卷员等多项荣誉称号。

熊亮

熊亮，2017年毕业于华南师范大学，硕士研究生学历，现于广东梅县东山中学从事高中物理教学工作，高中物理一级教师。在教学方面，所带学生成绩优异，先后获得"全国中学生物理奥林匹克竞赛优秀指导老师"、梅州市"物理核心素养测试优秀指导老师"、梅州市"优秀科技辅导员"等省市级荣誉称号，曾获学校"先进教师"称号及"管理奉献奖"等荣誉；在教研方面，曾获市级"青年教师高中物理实验操作比赛"一等奖、"创新教学设计比赛"一等奖、"实验创新展示比赛"一等奖、"论文征集活动"一等奖，主持或参与省市课题多项。在国内物理核心期刊发表论文两篇。

教育感悟：努力做好两件事——会教和教会。

王兵兵

王兵兵，清远市普通高中物理教研中心组成员。获清远市教坛标兵、校优秀教师、优秀班主任、优秀党员等称号。获广东省优课、清远市青年教师基本功比赛一等奖、学科融合创新案例市一等奖、微课市一等奖。参与的项目获清远市教科研成果二等奖，主持或参与省市级课题4项。主编或参编资料15本，发表论文12篇，辅导学生参加科技创新活动获省市奖励5项。

罗丽兰

罗丽兰，2009年毕业于华南师范大学，同年进入广东梅县东山中学担任高中物理教学工作，进行了4轮高中物理循环教学。获得过梅州市"高分尖子优秀指导教师"、梅州市"年度考核优秀指导教师"、梅州市"物理竞赛优秀指导教师"等多项市级荣誉称号。参与市级课题两项。

闵鑫

闵鑫，1983年生，第八届广州市物理学科高考研究组成员，2013年广州市高一物理力学竞赛优秀辅导教师，获2015年、2016年广州市高考突出贡献奖，广州外国语学校优秀教师，2018年广州外国语学校博雅班主任，2011年南昌市高中物理竞赛优秀指导教师，获第六届广州市青年教师技能大赛二等奖、解题比赛一等奖，获2013年广州市物理教师听评课比赛一等奖。

论文《刚体—质点两体问题》在《物理通报》杂志"大学物理教学"栏目发表，论文《一道含洛伦兹力的动力学问题分析》在《教学考试》杂志发表，参与编写《清华北大10年自主招生真题详解》（哈尔滨工业大学出版社出版）、省物理学会课题《导学案与微课融合模式在高中物理教学中的应用研究》（结题），等等。

热爱物理专业，勤于教学研究，钻研Flash、GGB教学可视化制作，开设微信公众号"心翼物理"用于教学研究与学生自主学习，获得同行关注人数4000人以上。

廖亮

廖亮，中共党员，2011年7月毕业于江西师范大学本科，2011年8月进入英德中学工作至今，于2016年12月被评为高中物理一级教师，至今已有高中物理三轮循环教学经验，并长期担任班主任工作，有强烈的责任感和事业心及过硬的教学能力。荣获2017年英德市高考备考先进教师、2018年教育系统优秀共产党员、2019年英德市优秀班主任、2020年英德市优秀班主任等称号，清远市第二十九届青年教师基本功比赛高中物理组总决赛一等奖等荣誉。

黄天宝

黄天宝，2006年6月毕业于广州大学物理学专业，2017年至2020年清远市高中物理中心组成员。2015年至今担任备课组组长，2008年进入佛冈中学至今，保持着所教班级在所有期中、期末、高校招生考试中平均分、优秀率年级同层次班级第一的纪录。2018年高考，所教的学生物理估分超过100分有4人，其中罗飞龙同学以理综265分获佛冈县第一名，他的物理估分108分（满分110分）；2021年高考，在尖子生流失非常严重的情况下，所教的学生刘榕威物理考了99分（满分100分）、易忠冠物理考了98分、郑玉麟物理考了96分。参研省级课题3个、市级课题1个，参研课题在广东省第八届教学成果奖评比中获得一等奖，获清远市第三届教育教学科研成果奖评比一等奖；在省级以上杂志发表论文4篇，在市级杂志发表论文1篇；论文比赛获省级奖项1次、县级4次；2012年在"全国中学教学设计创意大赛"征文活动中获得三等奖；2013年被评为佛冈县优秀班主任；2014年参加专题课程"基于项目的合作学习"培训项目学习，被广东省中小学教师教育技术能力建设项目办公室评为"优秀学员"；承担晒课任务并获得市"优课"称号、县"优课"称号；在县青年教师基本功比赛中获奖2次。

唐利民

唐利民，男，中学物理高级教师，2003年6月毕业于湖南吉首大学物理教育专业，毕业后担任广州市增城区高级中学物理专任教师，2014年担任学校教导处副主任，2017年开始担任学校教导处主任，连续多年担任高三毕业班教学管理工作；多次承担市、区级公开课，主持广东省小课题一项、区级规划课题一项，均已结题；广州市物理教研会中心组成员，增城区骨干教师，曾获"广州市优秀教师""增城区优秀教师""增城区优秀党员"等称号。2022年6月参加广东省第十批援藏工作，担任林芝市第一中学教务处主任。

第四篇　新高考物理试题研究

第五篇　实验教学等方面的思考

第一篇

课题研究实施报告

基于核心素养的学生科学思维能力
培养策略及评价研究

一、课题研究背景

进入 21 世纪，科技迅猛发展，伴随着世界的全球化和信息化的浪潮，社会对人自身的要求也在不断变化。学生应具备哪些综合关键能力与必备品格，才能在满足个人自我实现需要的同时，又能够成功地融入未来社会并推动社会发展？为此，世界经合组织、联合国教科文组织、欧美等国家和地区，提出了"培养什么样的人、如何培养人"的问题，并相继在教育领域建立了学生的"核心素养"模型。世界经合组织确立了学生能互动地使用工具、能自主地行动和能在异质社会团体中互动的三大核心素养。联合国教科文组织将核心素养指标体系分为"身体健康，社会情绪，文化艺术，文字沟通，学习方式与认知，数字与数学，科学与技术"七个学习领域。欧盟将核心素养指标体系分为"母语交流，外语交流，数学素养和科技素养，数字化素养，学会学习，社交和公民素养，主动创业意识，文化意识与表达"八个方面。美国、新加坡、日本等一些发达国家或地区都组织了有关核心素养的指标体系研究，其宗旨都是用以个人发展和终身学习为主体的课程目标代替以学科知识、技能为目标的传统体系。

近年来我国也开始了对核心素养体系方面的研究，2014 年 3 月教育部印发的《关于全面深化课程改革　落实立德树人根本任务的意见》（以下简称《意见》）提出："教育部将组织研究提出各学段学生发展核心素养体系，明确学生应具备的适应终身发展和社会发展需要的必备品格和关键能力……"《意见》中首次提出了"核心素养体系"概念，并将这一概念摆在深化基础教育课程改革、落实立德树人目标的基础地位，成为我国新一轮基础教育课程改革的灵魂。2016 年 9 月，教育部发布《中国学生发展核心素养》研究成果，其以科学性、时代性和民族性为基本原则，以培养"全面发展的人"为核心，分为文化基础、自主发展、社会参与三个方面，综合表现为人文底蕴、科学精神、学会学习、健康生活、责任担当、实践创新六大素养，具体细化为国家认同等18个基本要点。

核心素养是学生在接受相应学段的教育过程中，逐步形成的适应个人终身发展和社会发展需要的必备品格和关键能力，是进行课标修订、课程建设、学生评价等环节的基础。为更好地落实学生核心素养的发展实施，各学科依据学生的不同年龄阶段的发展特性及学科教学特点制定了新的课程方案与课程标准。2017年年底教育部颁布了《普通高中物理课程标准（2017年版）》。其中提出，物理核心素养就是学生在接受物理教育过程中逐步形成的适应个人终身发展和社会发展需要的必备品格和关键能力，主要由物理观念、科学思维、科学探究、科学态度与责任四个方面的要素构成。物理教学是以科学探究为载体，在探究过程中培养学生的科学思维，在研究过程中使学生形成物理观念，并最终形成责任与担当的过程。在这个过程中，科学思维贯穿始终，是一项重要的关键能力。科学思维能力培养是高中物理教学的核心，是贯穿于整个高中物理教学全过程的重要任务；科学思维能力不但对学生学好物理至关重要，还对学生学好其他学科有重要作用，也可以促进学生对新事物的探究、调查、深思、探索和钻研。如何让教师的教学更好地适应新时代、满足新课程标准要求，使其重视教材、教学内容以及实验的研究，促使教师将培养学生科学思维能力渗透于平时的物理教学过程，是值得我们思考的问题。

21世纪初开始的基础教育课程改革，强调了从单纯注重传授知识转变为引导学生学会学习、学会生存、学会做人，关注学生的学习兴趣和经验，倡导学生主动参与、乐于探究、勤于动手，培养学生搜集和处理信息的能力、获取新知识的能力、分析和解决问题的能力以及交流与合作的能力。课程改革给学校、给课堂、给教师和学生带来了实实在在的变化，如让师生关系更加和谐，课堂气氛更加民主，学生得到更多的尊重，课程内容更加贴近学生经验，获得知识不再成为学习的唯一目标，学校和教师的主动性、积极性得到进一步的发挥，教师群体的专业发展得到前所未有的提高。

2019年6月19日，中共中央、国务院印发的《关于新时代推进普通高中育人方式改革的指导意见》指出："按照教学计划循序渐进开展教学，提高课堂教学效率，培养学生学习能力，促进学生系统掌握各学科基础知识、基本技能、基本方法，培养适应终身发展和社会发展需要的正确价值观念、必备品格和关键能力。积极探索基于情境、问题导向的互动式、启发式、探究式、体验式等课堂教学，注重加强课题研究、项目设计、研究性学习等跨学科综合性教学，认真开展验证性实验和探究性实验教学。"2020 年中共中央、国务院印发的《深化新时代教育评价改革总体方案》指出"把认真履行教育教学职责作为评价教师的基本要求，引导教师上好每一节课、关爱每一个学生"。这一系列信息给我们一个提示：未来一段时间内，我国基础教育改革的重点将从课程改革转移到教学改革上。

应该说，多数中学物理教师的教学理念发生了变化，在教学中意识到了学生知识获取过程的重要性，并能够结合课堂实际运用多样化的教学方式，但是教师承受着来自社会、学校、家长等各方面的压力，部分教师为了出"成绩"而"急功近利"，上课仍然采用"满堂灌""填鸭式"的教学方式。这必将导致教师只重考点，未对教材进行深度挖掘，忽视学生科学思维能力的培养，只是将知识机械地传输给学生，使学生在学习过程中只是一味接受，缺乏独立思考。这种教学方式费时少，学生能够暂时记住知识点，表面上好像很好地完成了知识目标，但是课堂上师生缺乏交流，教师忽视了学生知识获取的过程和学生情感上的体验，学生学得快，忘得也快，不能在实际情境中对知识进行有效应用。因此教师在中学物理教学中，教师需要转变教学理念，采取启发式、探究式、体验式等形式多样的课堂教学方式，让学生参与到课堂中去，主动思考、主动学习、主动获取，注重学生知识的获得，更重视对学生包括科学思维在内的核心素养的培养。

二、国内外研究现状

从提出问题到解决问题，这一过程中始终贯穿着思维。国外有关思维的研究要早于我国。杜威提出了"反省思维的五个阶段"，它们分别是：暗示，即心灵趋向一种可能的解决；问题，将困难或疑难理论化为一个需要解决的问题；假设，使用多个建议，作为解决问题的观念或假设，并通过观察与开展其他工作，搜集解决此问题的事实材料；推理，对观念或假设的心理操作；检验，以外表或想象的活动试验此假设。杜威主张从事实出发，从疑难问题开始进行思维活动，要对思维过程进行研究，同时还需要和教育实际结合。加德纳在多元智力的基础上和自己的合作伙伴共同开展系列教育实验，认为对学生要因材施教，这也是对教育的发展新的反映。威廉姆斯提出了思维培育理论，该理论又被称为"认知—情感交互"理论。该理论阐述了在教学过程中，教师为了提升学生思维采用启发式教学的策略。阿迪等人依据皮亚杰的认知发展理论和维果斯基的社会文化理论实施了通过科学教育对学生进行认知加速的研究，简称CASE。它阐述了师生之间的思维互动，既有助于教师的专业发展，也有效地培养了学生的思维能力。

虽然国内有关科学思维的研究要比国外晚很多，但近年来我国在该课题方面的研究取得了较为显著的成果。胡卫平提出了思维型课堂教学的概念，他明确地指出在课堂教学过程中，思维是师生的核心活动，需要基于思维活动来进行有效教学，促进课堂教学质量的提升。同时，胡卫平还开展了"学思维"的活动课程，通过采用思维型课堂教学原理来开展"学思维"活动课程，这不仅能够促进学生思维能力的培养，也能够促进学生非智力素养的培养。在胡卫平等学者提出的思维型课堂教学理论的基础上，国内学者开始研究在物理课堂教学中，如何促进学生思维能力的提升。王长江与胡卫平教授在《中学物理"思维型"课堂中规律教学探讨》一文中探讨了"思维型"课堂中物理规律教学的几个主要环节以及对应的教学策略。同时王长江在《初中物理"思维型"课堂教学及其对学生创新素质的影响研究》博士论文中探索了初中物理"思维型"课堂教学过程，并选取270名初中生作为研究对象，开展了实验研究，最后提出了在初中物理教学中实施"思维型"课堂教学的建议。陆茵在《高中物理习题教学中渗透科学思维方法培养的实践研究》一文中提出，学生的思维及表现形式与教师的教学理念及教学方法关系密切，学生的科学思维是可以通过教学环节来潜移默化地影响与培养的。严春在《高中物理教学中科学思维方法的培养》一文中，对物理教学中如何培养学生的科学思维方法进行探究，指出课堂教学应突出思维逻辑性，引导学生树立辩证唯物主义的观点，同时还指出教学中需要进行教学资源的整合，在自主学习中培养学生的科学思维。李洁如在《高中物理教学中学生科学思维能力培养研究——以"电磁感应"部分教学为例》一文中，面对新课标调整的现状，指出教师需要重视学生思维发展，转变教学理念，根据新课标需要合理安排和设计课堂教学。

纵观当前国内外对物理科学思维素养的研究现状，笔者发现国际上对于核心素养的研究比较具体透彻，但是其大多强调综合技能的培养，强调学科之间的合作与融通，落实到单个学科层面的素养的研究则要少很多，而细化到科学思维层面的素养研究则更是寥寥无几。虽然国内对关于科学思维教育的研究获得了一定的成果与经验，但将培养学生将科学思维落实到教学实践中的结果却不理想。尤其是在物理课堂上，教师认为学生对知识的记忆最重要，对于学生知识的形成有所忽视；关于科学思维教育的研究，物理教学的侧重点放在学生的学习方法上，并没有针对物理学本身进行研究，这就导致科学思维在物理教育过程中存在形式化的现象。本课题组希望通过对学生及教师进行问卷调查，了解科学思维培养的现状。在此基础上，对科学思维的教学策略进行研究，并结合具体的教学内容、教学案例对其进行分析和评价。

三、核心概念的界定

1. 核心素养

学生的核心素养是指学生应具备的能够适应个人终身发展和社会发展需要的必备品格和关键能力。

物理学科核心素养是指学生在接受物理教育过程中逐步形成的适应个人终身发展和社会发展需要的必备品格与关键能力，是学生通过物理学习内化的带有物理学科特性的品质。物理学科核心素养有物理观念、科学思维、科学探究、科学态度与责任四个方面。物理观念是基础，科学思维是关键，科学探究是路径，科学态度与责任是目标。

2. 科学思维

思维既是一种心理现象，也是一种反映，它是认识世界的一种高级的反映形式。科学思维是从物理学视角对客观事物的本质属性、内在规律及相互关系的认识方式；是基于经验事实建构物理模型的抽象概括过程；是分析综合、推理论证等方法在科学领域的具体运用；是基于事实证据和科学推理对不同观点和结论提出质疑与批判，进行检验和修正，进而提出创造性见解的能力与品质。

科学思维主要包括模型建构、科学推理、科学论证和质疑创新等要素。模型思维是一种重要的科学思维，高中物理研究的对象是从对象客体（原型）抽象出来的理想模型，借助这些模型揭示对象客体的本质与规律，发展学生建模思维的能力。科学推理包括演绎推理、归纳推理和类比推理。演绎推理是由普遍性的前提推出特殊性结论。中学物理中大量的新知识是在原有知识的基础上通过演绎推理得出的。归纳推理是指由特殊的前提推出普遍性结论。类比推理是从特殊性前提推出特殊性结论的一种推理。科学论证是一种学习方式，引导学生在探究活动中建构科学知识，提升自身的综合能力，提升认识论水平。质疑创新就是要有批判性思维的意识，能基于证据大胆质疑，从不同角度思考问题，追求创新，要求学生凡事都要问"为什么"，追问"依据是什么"。

物理学科是基于经验事实建构起物理模型，然后抽象概括出规律和概念的一门科学。教育中概念和规律的建立都离不开科学思维，科学思维的培养是物理教学的核心。

3. 科学思维能力结构

2003年胡卫平教授、林崇德教授在《青少年的科学思维能力研究》中提出科学思维能力结构模型（图1）。该模型从方法、品质、内容三个维度出发，每个维度又涵盖了多个不同的因子，各因子以不同的组合形成多种元素，每个元素代表一个科学思维能力单元。该模型说明科学思维能力是由多种元素组成的，各元素之间相互联系，形成科学思维能力的结构。每个维度所构成的平面代表着特定的内容。内容与方法维度平面代表科学学科结构，如科学现象、科学概念、科学规律、科学问题等；方法与品质维度平面代表一般思维能力，如臻美、科学推理、抽象概括、比较分类、分析综合等；内容与品质维度平面代表与科学思维能力相适应的知识结构体系，如深刻性、灵活性、批判性、敏捷性、独创性等。

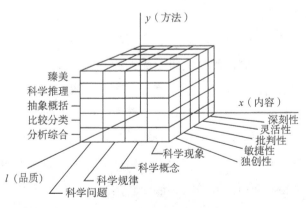

图1

4. 教学策略

教学策略是教师在特定教学情境中，为完成教学目标和适应学生认知需要而制订的教学程序计划和采取的教学措施。教学策略的基本属性包括：

（1）教学策略是关于教学活动安排的思想。不同的教师由于教育教学理论水平、教学经历与经验不同，制定与选择教学策略的水平也不一样。

（2）教学策略的呈现形式是教学活动程序。活动程序的优劣体现了教学策略的质量好坏，能最大限度地引导学生参与教学，能促进学生发展的活动程序的教学策略就是优秀的教学策略。

（3）教学策略强调教学活动的整体安排。教学活动是一项综合活动，一方面，教学活动是教师的教授活动与学生的学习活动的综合体；另一方面，它是各个教学要素的综合体。教学活动是教学组织形式、教师活动、学生活动、教学媒介、教学内容等要素的综合反映，是一项具有复杂性特征的活动。

（4）教学策略具有明显的指向性。教学策略的指向对象是教学活动，其基本指向是提高教学活动的效率与效益。教学策略的指向性既包括任务指向性，也包括预设的指向性。前者是为了完成教学任务，达成教学目标；后者则体现教师的教育教学思想与观念，体现教师教育理论水平与认识。

（5）教学策略的选择具有相对性。教学策略的选择会因教师、学生、教学内容、教学条件等方面的不同而不同，但在不同的教学情境下，总可以找到最合适的教学策略。

四、课题研究理论

1. 终身教育理论

"终身教育"这一概念在 1965 年联合国教科文组织主持召开的成人教育促进国际会议期间，由联合国教科文组织成人教育局局长、法国人保罗·朗格朗正式提出。其理论指出社会每个成员为适应社会发展和实现个体发展的需要，应该终身持续不断学习。根据当前我国的教育制度，一般人接受的学校教育时间只有十几年，而结束了学校教育，步入社会之后，还有很长的路要走。因此，教育不应该仅仅停留在学校，还要向纵深拓展。为了实现个人的发展与社会的发展，人们仍需要不断地提升自己，活到老学到老。一个人如果具备科学思维的素养，在生活中面对实际问题时，就能够自发地利用科学的方法主动探究，在解决问题之余还能不断从中获取新的知识，同时也能满足生存和发展的需要，更好地实现自身价值，充实精神生活，提高生活品质。这样的过程实际上就是把单纯的求知变为生活的方式，只有当学习变成人生活中不可或缺的一部分，才能够实现真正的终身学习。一个人自身的素养在其中的作用是极其巨大的。

2. 建构主义学习理论

建构主义主张世界是客观存在的，但是对事物的理解却是由每个人自己决定的，不同的人对同一事物会有不同理解。建构主义学习理论认为学习是引导学生从原有经验出发，建构起新的经验的过程，强调学习者的主体性，倡导以学习者为中心的学习。教师是对学生进行意义建构的帮助者，而不仅仅是知识的传授者。要成为意义的主动建构者，要从以下几个方面发挥主体作用：第一，在不断地探索和发现过程中，更好地理解知识的含义，真正掌握知识；第二，在建构主义学习过程中，要求学生收集和分析相关的信息，针对学习问题提出各种假设，并加以验证；第三，应该把当前学习内容所反映的东西与已经知道的东西联系起来，仔细考虑一下它们之间的联系。"连接"与"思维"是意义建构的关键，如果把交往和思维的过程与合作学习中的谈判过程结合起来，学生在建构意义时就会取得更高的效率和更好的质量。

学生要完成意义的主动建构，就需要自己对问题进行探究，在探究的过程中主动去搜集并分析相关信息，将其与已有的知识结构相联系，完成对新内容的主动建构。在这个过程中，教师要成为学生意义建构的帮助者，能够激发学生主动探究的兴趣，并对其进行有效引导，帮助学生建构当前所学知识的意义。

科学思维素养的培养是在建构主义学习理论的基础上进行的，学生通过对具体问题的探究活动，从问题的模型转化，到搜集资料进行科学推理与论证，分析总结得到结果，在探究之中提升科学思维能力，并且能够更好地了解知识的意义，完成对所学知识的意义建构。

3. 元认知理论

"元认知"这一概念是指认知主体对自身认知活动的认知，实质是人的自我意识、自我评价和自我调控（监控）。元认知的基本内容是元认知知识、元认知体验和元认知监控。其中，元认知知识是个体关于自己或他人的认识活动、过程、结果以及与之有关的知识；元认知体验是个体伴随着认知活动的展开而产生的认知体验或情感体验；元认知监控是指个体在认知活动进行的过程中，对自己的认知活动积极进行监控及进行相应调节的过程。

4. 问题解决的信息加工理论

信息加工理论将人看成信息加工者，认知过程是一个搜集信息、加工处理信息的过程，而把问题解决看作信息加工系统对信息的加工，把最初的信息转化成最终状态的信息。心理学家将问题分为客观方面和主观方面。问题的客观方面称问题范围，主观方面称问题空间。问题解决是一种以目标为定向的搜寻问题空间的认知过程。其中原有知识经验和当前问题的组成成分必须重新改组、转换或联合，才能实现既定目标。这一定义包含四个要点：问题解决是以目标定向的，问题解决是在认知系统内进行的，解决活动包括一系列心理运算，问题解决是个人化的。

五、研究目标

本研究的目标是，了解高中关于物理科学思维素养的教学现状及学生的学习现状，研究中学生物理科学思维培养的有效实施策略，探讨如何构建中学物理科学思维评价体系，从而促进教师在教学活动中重视教材、教学内容以及实验的研究，适应新课程标准要求进行教学；促使学生打下扎实的知识基础，提升其各种科学的能力，如解决现实问题的能力、质疑能力与创新能力等，使学生适应新时代的学习要求。

课题组通过实践研究得出：教师的教学理念与教学方式影响着学生的思维方式和表达形式，学生的科学思维是可以通过教师的实际教学来进行潜移默化的影响和培养的，中学物理教学应将科学思维的培养渗透在教学各个环节之中，逐步培养学生的物理科学思维。

六、研究内容

（1）搜集和整理有关该课题的相关教育理论进行研究，对于课堂教学理论、思维教学理论进行理论研究，重点对科学思维进行理论方面的研究，包括科学思维的内涵、科学思维方法、科学思维能力，论述了旨在培养学生科学思维能力的课堂教学特征。

（2）编制调查问卷，从学生自身和教师两个方面了解当前中学生在物理学习过程中科学思维的发展情况。

（3）针对调查研究中的问题及其成因，有针对性地设计培养学生科学思维的物理教学策略，在实践中分析物理科学思维素养培养策略的效果与可行性。

（4）对新课程标准以及教学内容进行分析研究，分析如何从科学思维角度理解相关知识以及对教学难点进行攻克，形成具体教学案例设计以及案例分析。

（5）初步探讨如何构建中学物理科学思维评价体系。

七、研究的切入点

课题组基于国内外相关文献研究，首先对科学思维的相关概念进行梳理，对中学物理学科中的科学思维内涵进行论述，强调了在中学物理教学中渗透科学思维培养的重要性和必要性；本课题组基于教育教学相关理论的指导，通过调查问卷法、访谈法，从学生自身和教师两个方面了解当前中学生在物理学习过程中科学思维的发展情况；基于对科学思维的解读，设计培养学生科学思维的物理教学策略，通过实践检验这些策略的有效性，最后进行总结和思考，指出策略的不足和局限之处，同时初步探讨如何构建中学物理科学思维评价体系。

八、选题的意义及研究价值

（1）促进学生思维发展，培养学生的科学思维。课堂教学可以被看作思维的教学，在课堂教学中，教师应该将启发学生思维作为教学目标，课堂教学的目的不仅是让学生能够更好地掌握物理知识进行，还能够促进学生思维创造能力的发展，促使学生学会自主地解决和处理问题。

（2）促使学生终身学习和适应未来社会发展。新课改中提出的核心素养对当前学生提出了更高的要求，要求培养学生的科学思维，对于学生的全面发展具有积极的促进作用。

（3）能够为教师明确教学方向，使师生关系更为密切。思维教学是符合物理学科特点的教学方式，通常会采用小组互动学习的方式来促进师生关系的发展。

九、特色与创新之处

本研究的特色有三点：一是选题上的特色，课题组搜集到的有关中学物理教学的研究较多，但是有关中学物理科学思维培养方面的研究比较少，因此本研究的选题是一大特色；二是在对中学物理教学中培养学生科学思维进行研究时，课题组成员能够通过教学实践收集大量的一手资料和数据，来了解高中物理教学培养学生科学思维的现状，提出中学物理培养学生科学思维的教学策略，并形成具体教学案例，希望在构建中学物理科学思维评价体系方面有所突破。

十、研究方法

1. 文献研究法

在课题研究过程中，通过查阅与课题内容相关的文献，并对其进行分类、整理、分析、比较、归纳和总结，课题组充分了解了国内外关于物理科学思维核心素养的研究现状，对前人有关该课题的研究成果进行了解，为本文的研究提供理论借鉴。

2. 问卷调查法

课题组通过问卷调查法，来对中学物理教学现状进行调查，找出当前中学物理教学中培养学生科学思维存在的问题，分析问题存在的原因，有针对性地为本文的研究提供具有可操作性的教学策略。

3. 行动研究法

在真实的教学情境中，按照一定的操作程序，综合运用多种研究方法与技术，解决教育实际问题。课题组将在教学实践过程中研究物理科学思维素养培养的具体问题。

4. 课例研究法

依据研究结果进行分析，课题组为更加清楚地将问题进行有效呈现，选择了有针对性的方法对教学案例进行设计，为今后的教育教学提供了可以研究的方向。

十一、子课题申报情况统计（表1）

表1

子课题名称	主持人姓名	主持人单位	主持人电话	主持人邮箱	课题组成员	研究方向
基于物理创新实验培养高中学生科学思维的实践研究	兰海舰	广州市执信中学	13××××××××××	451907@qq.com	卢顺兴、庄浩丽、彭博、罗迪雯	创新实验
基于物理演示实验培养高中生科学思维的实践研究	廖亮	英德市英德中学	18××××××××××	llczy1990@163.com	—	演示实验
基于物理学史教育培养学生科学思维的案例研究	曹卫东	广州大学附属中学	18××××××××××	gdfzcwd@126.com	李泽钦、赵丽芳、黄健仪	物理学史
基于原始物理问题培养高中学生科学思维的实践研究	王兵兵	清远市第二中学	13××××××××××	wangbing0518@163.com	潘新南、方丽娟、黄敏	原始物理问题
利用"可视化"技术促进学生科学思维能力提升的实践研究	闵鑫	广州外国语学校	15××××××××××	109307840@qq.com	高宗壬、肖建伟、祁文涛	技术角度
高中物理实验教学中培养学生科学思维的实践研究	熊亮	广东梅县东山中学	15××××××××××	xiongliangtz@163.com	杨秀、邓学叩、张秋媚、谢纲群	课型角度
基于物理习题教学培养高中学生科学思维的实践研究	罗丽兰	广东梅县东山中学	15××××××××××	516727098@qq.com	邓彩燕、殷竹花、郑新容	课型角度

续　表

子课题名称	主持人姓名	主持人单位	主持人电话	主持人邮箱	课题组成员	研究方向
基于模型建构能力培养的物理教学实践研究	陈贺	广东省阳山中学	13××× ×××× ××××	512706068 @qq.com	廖亮、邓启凤、蔡醒民、谭程、钟瑜玲	要素方面
基于科学思维进阶的科学文化素养培育——以高中物理必修三为例	黄天宝	佛冈县佛冈中学	13××× ×××× ××	214694497 @qq.com	许桂煜、陈永亦、钟祥涛、钟振鹏	资源开发
高中物理科学思维评价体系构建研究	王宝方	广州市第五中学	18××× ×××× ××	94391987 @qq.com	姚美奇、刘勇辉、刘明雪、邓宏坤	评价体系
基于核心素养的中学物理教学实践研究	侯志兰	广州大学附属中学	18××× ×××× ××	405105438 @qq.com	—	其他方面
高中物理探究性实验的设计与实践	姚美奇	广州市第五中学	13××× ×××× ××	20767624 @qq.com	王宝方、古春红、蔡林洪、江贤聪	其他方面

十二、研究计划

（1）准备与启动阶段（2022年1月至2022年3月），成立课题组，邀请专家指导，学习相关理论，制订课题研究与实施方案。

（2）调查与实践阶段（2022年4月至2023年7月），进行调查，撰写调查报告、论文，形成中期评估报告。

（3）总结与提升阶段（2023年8月至2023年9月），撰写结题报告，请专家鉴定评价，形成一系列研究成果。

十三、预期研究成果与预期效果分析

1. 预期研究成果

论文：公开发表论文 5 篇以上，其中在核心期刊发表论文 1 篇。

论著：1 部。

实施方案：1 篇。

调查报告：中学生科学思维学习现状调查与分析。

研究报告：基于科学思维发展的物理教学策略研究。

2. 预期效果分析

（1）课题调查报告、研究报告。

（2）课题研究成果相关论文、案例分析。

（3）案例设计、课堂实录。

（4）课题成果的辐射作用。

（5）课题组进行结题的相关工作，完成研究报告、工作报告和相关课题成果资料的整理工作，召开结题现场会。

十四、成员组成结构与保障条件

1. 课题组成员分工情况（表 2）

表 2

姓名	工作单位	年龄（岁）	职称	学历	研究领域	研究分工
李红伟	广州市第五中学	51	正高	本科	物理教学、实验创新等	课题负责人负责全面组织与协调工作，组织相关研究活动，管理课题研究进度，等等
侯志兰	广州大学附属中学	39	高级	硕士研究生	物理教学	协助组织与协调工作，教学理论指导，把握课题研究方向；子课题研究
兰海舰	广州市执信中学	41	一级	本科	实验创新	负责具体研究工作，撰写立项申请、开题报告、中期报告等；子课题研究

姓名	工作单位	年龄（岁）	职称	学历	研究领域	研究分工
姚美奇	广州市第五中学	40	一级	本科	物理教学	收集与整理相关研究资料、研究成果；子课题研究
曹卫东	广州大学附属中学	38	一级	本科	物理教学	设计调查问卷，撰写调查报告；子课题研究
闵 鑫	广州外国语学校	38	一级	本科	信息技术与学科整合	组织相关调查研究，撰写调查报告；子课题研究
王宝方	广州市第五中学	38	一级	本科	物理教学	课题会议记录，研究过程中音像、图片资料的拍摄记录；子课题研究
黄天宝	佛冈县佛冈中学	38	一级	本科	物理教学	子课题研究
王兵兵	清远市第二中学	36	一级	本科	物理教学	子课题研究
罗丽兰	广东梅县东山中学	36	一级	本科	物理教学	子课题研究
陈 贺	广东阳山县阳山中学	35	一级	本科	物理教学	子课题研究
廖 亮	广东英德市英德中学	31	一级	本科	实验教学	子课题研究
熊 亮	广东梅县东山中学	31	一级	硕士研究生	物理教学	子课题研究

2. 成员组成结构

课题组以广东省李红伟名教师工作室成员为主，成员平均年龄36岁，都是从事一线教学工作的骨干，教学经验丰富，教科研能力强。其中李红伟老师是正高级教师、全国优秀教师、省特级教师，省、市名教师工作室主持人，主持或参与了10项省级教学课题研究。其主持的省基础教育研究立项课题《基于核心素养理念下的高中物理混合式教学模式研究》于2018年12月结题，课题的研究成果和研究经验为本课题的研究奠定基础；撰写的专著《悟理与践行：一位物理教师的思考与实践》于2020年9月出版发行；在省级以上刊物发表论文60多篇，近5年发表论文25篇，多篇论文在核心期刊发表，其中论文《教学设计因"磨"而精彩——以"探究影响感应电流方向的因素"为例》于2020年7月在核心期刊《中学物理教学参考》发表，并于2021年1月被中国人民大学复印报刊资料《中学物理教与学》全文收入。其他成员都是李红伟名教师工作室成员，其中侯志兰老师是广州大学研究生指导教师，广州市中学物理学科教学研究中心组成员；兰海舰老师是广东省第三批骨干教师培训班学员，主持的科研课题《基于创新实验培育科学探究素养的有效教学研究》已结题；王兵兵老师获清远市青年教师基本功大赛一等奖，主持或参与市级课题2项，在多个期刊发表论文12篇；曹卫东老师是广东省物理竞赛优秀辅导教师，广州市特约教研员；王宝方老师曾获广州市青年教师技能大赛决赛一等奖；姚美奇曾获广州市青年教师技能大赛二等奖；廖亮老师获清远市青年教师基本功决赛一等奖；闵鑫、陈贺、熊亮、黄天宝、罗丽兰等老师都有多篇论文在各级各类期刊发表。

课题组成员李红伟老师先后主持5项省级教育科研课题的研究，其他大部分成员也先后主持或参与了各级教育科研课题的研究，取得了丰硕的研究成果，并积累了丰富的研究经验，具有较高的教学理论研究水平与较强的课题执行能力，为本课题研究的开展奠定了坚实的理论与实践基础。

3. 保障条件

（1）本课题核心组成员都是所在学校物理学科教育科研的骨干力量，具有饱满的工作热情和较高的业务素质及一定的科研水平，大部分都主持或参与过各级课题，教学理论研究水平高、课题执行能力强，课题组成员的年轻化为其参加实验课题研究提供了足够的时间保证。

（2）课题组决定聘请专家、名师成立课题指导小组，以确保课题研究的方向正确、措施有力、效果明显。

（3）课题组围绕课题开展了初步的文献搜集、调研等工作。

（4）基地学校广州市第五中学具有丰厚的教育文化底蕴，是具有时代特征的教育名校。其弥足珍贵的资源和独特的优势也是本课题研究的基础。

参考文献

[1] 中华人民共和国教育部．普通高中物理课程标准（2017年版）[M]．北京：人民教育出版社，2018.

[2] 中华人民共和国教育部．普通高中物理课程标准解读（2017年版2020年修订）[M]．北京：高等教育出版社，2020.

[3] 王小燕．科学思维与科学方法论[M]．广州：华南理工大学出版社，2015.

[4] 胡卫平．科学思维培育学[M]．北京：科学出版社，2004.

[5] 陆茵．高中物理习题教学中渗透科学思维方法培养的实践研究[D]．南京：南京师范大学，2011.

[6] 李洁如．高中物理教学中学生科学思维能力培养研究——以"电磁感应"部分教学为例[D]．苏州：苏州大学，2018.

[7] 辛涛，姜宇．全球视域下学生核心素养模型的构建[J]．人民教育，2015（9）.

[8] 张娜．联合国教科文组织的核心素养研究及其启示[J]．教育导刊（上半月），2015（7）.

[9] 刘新阳，裴新宁．教育变革期的政策机遇与挑战——欧盟"核心素养"的实施与评价[J]．全球教育展望，2014（4）.

[10] 钟启泉．基于核心素养的课程发展：挑战与课题[J]．全球教育展望，2016（1）.

[11] 邵朝友，周文叶，崔允漷．基于核心素养的课程标准研制：国际经验与启示[J]．全球教育展望，2015（8）.

[12] 彭前程．积极探索基于核心素养理念下的物理教学[J]．中学物理（高中版），2016（2）.

[13] 施久铭．核心素养：为了培养"全面发展的人"[J]．人民教育，2014（10）.

[14] 林明华．高中物理核心素养的内涵与培养途径[J]．福建基础教育研究，2016（2）.

[15] 曾建明，肖怡．如何在物理教学中培养学生科学思维的能力[J]．物理教学探讨，2004（2）.

[16] 孙培梅. 试谈科学思维方法在物理教学中的应用 [J]. 成才, 2004 (4).

[17] 林崇德, 胡卫平. 思维型课堂教学的理论与实践 [J]. 北京师范大学学报 (社会科学版), 2010 (1).

[18] 王长江, 胡卫平. 中学物理 "思维型" 课堂中规律教学探讨 [J]. 中学物理教学参考, 2015 (5).

[19] 王长江, 胡卫平. 中学物理 "思维型" 课堂中程序性知识教学探讨 [J]. 中学物理, 2015 (7).

[20] 王长江, 汪志荣, 杨婉荣. 中学物理 "思维型" 课堂中原认知知识教学探讨 [J]. 中学物理, 2018 (2).

[21] 李晴. 高中物理概念教学策略研究 [J]. 中学物理教学参考, 2017 (3).

[22] 徐燕来.《电磁感应》融入建模思想的教学研究 [J]. 教师通讯, 2014 (5).

[23] 陈军涛. 最近发展区理论在教学模式中的应用 [J]. 当代教育论坛, 2007 (9).

[24] 胡卫平, 林崇德. 青少年的科学思维能力研究 [J]. 教育研究, 2003 (12)

[25] 胡卫平, 罗来辉. 论中学生科学思维能力的结构 [J]. 学科教育, 2001 (2).

第二篇

学生科学思维能力
培养研究

高中学生物理科学思维能力现状调查与分析

一、调查目的

了解学生对思维学习重要性的认知程度；了解现阶段中学生在核心素养导向下科学思维的培养现状。

二、问卷编制

思维总是体现在一定的活动过程中，问题的解决活动往往伴随着科学思维过程。问题的解决一般包括发现问题、分析问题、提出假设、检验假设、修正假设五个环节，科学思维与之对应的是问题意识、模型建构、科学推理、科学论证、质疑创新等要素。问题解决的科学思维过程如图 1 所示。

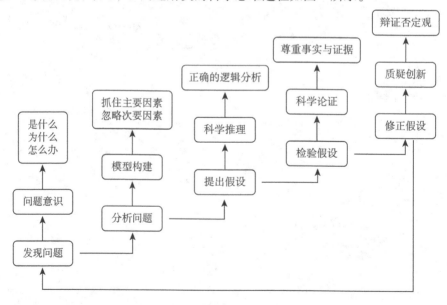

图1

依据问题解决的科学思维过程，调查问卷主要涉及以下几个方面的问题：

第一，了解学生问题意识的情况。认识问题和明确地提出问题，是问题解决的开端，也是科学思维的起点；只有发现问题，才能激励和推动学生投入到问题解决的思维活动之中，因此需要了解学生发现问题、提出问题的能力发展情况。

第二，了解学生对于模型建构的认识。分析所提问题的特点与条件，即获取信息，抓住问题的主要因素，忽略次要因素，建构合理的物理模型的过程，是解决实际问题的关键所在，是科学思维培养的重要方面，因而需要了解学生构建物理模型能力的培养现状。

第三，了解学生的科学推理能力以及对科学推理的态度。面对一个具体的物理问题，要求学生通过科学推理对所提问题进行合理的假设，这需要在教师的引导下完成，因而要了解学生当前的科学推理能力的培养情况。

第四，了解学生的科学论证能力以及对科学论证的态度。检测假设就是证明提出的猜想或观点的正确与否，即当学生对于某一问题提出猜想或假设后，能够采用适当的方式证明自己的观点，是学生证据意识的体现，因此希望能够了解学生当前的科学论证能力的培养情况。

第五，了解学生对于所学知识的质疑与创新能力。问题解决产生两种结果，即有效或无效。根据结果对问题解决进行反思和总结，对问题的假设进行修正，是问题解决的重要一步，也是科学思维的重要环节。反思的过程伴随着质疑和思考，质疑是创新思维的起点，一切科学发现都是从疑问开始的，最终又回到了问题解决的起点——发现问题。因此希望能够了解学生当前的质疑创新能力的培养情况。

问卷的设计指标如表 1 所示。

表1

一级指标	二级指标	问卷题号
问题意识	学生提出问题的能力	1、2、3
模型建构	学生对于物理模型的理解	5、7
	学生对于模型建构的认识	6
	学生对于模型建构的能力	4、8、9
科学推理	学生的科学推理能力	10、11、12

一级指标	二级指标	问卷题号
科学论证	学生的科学论证能力	15、16、17
	学生对科学论证的态度	14、18
质疑创新	学生对于所学知识的质疑情况	19、22
	学生的创新、创造能力	20、21、23

三、调查实施

本次选择的调查对象是广州市执信中学、广州大学附属中学、广州市第五中学、东山中学、清远市第二中学、阳山中学、英德中学 7 所学校的高二和高三学生；调查时间：2022 年 3 月；共发放学生纸质问卷 520 份，收回 494 份，有效问卷 475 份，其中男生 227 人、女生 248 人；广州城区 292 人、非广州城区 183 人；高三 301 人，高二 174 人。

四、调查结果统计与分析

1. 问题意识方面（见表 2）

表 2

题号	选项	总体（%）	性别（%）		地域（%）		年级（%）	
			男	女	城区	非城区	高三	高二
1	A	25.0	32.6	18.1	32.9	12.6	14.9	30.9
	B	67.2	63.4	70.6	63.3	73.2	74.2	63.1
	C	7.8	4.0	11.3	3.8	14.2	10.9	6.0
2	A	26.3	32.2	21.0	32.9	16.4	17.2	31.9
	B	66.1	63.0	69.0	63.0	71.0	73.0	62.1
	C	7.6	4.8	10.0	4.1	12.6	10.3	6.0
3	A	14.9	17.2	12.9	19.2	8.2	9.8	17.9
	B	72.0	71.8	72.2	70.9	73.8	75.8	69.8
	C	13.1	11.0	14.9	9.9	18.0	14.4	12.3

第 1 题，平时会从物理的角度去思考一些生活现象是问学生是否具有良好的思考习惯，有 25.0% 的学生表示经常会，有 67.2% 的学生表示偶尔会，有 7.8% 的学生表示几乎不会。经常会去思考的女生所占比例为 18.1%，明显低于男生所占的比例 32.6%，几乎不会去思考的非城区学生所占比例为 14.2%，明显高于城区所占的比例 3.8%，经常会去思考的高三学生所占比例为 14.9%，明显低于高二所占的比例 30.9%。

第 2 题，对于能否提出与物理相关的问题是问学生是否有提出问题的能力，有 26.3% 的学生表示经常会，有 66.1% 的学生表示偶尔会，有 7.6% 的学生表示几乎不会。相比城区，几乎不能提出问题的非城区学生比例明显偏高；相比高二，高三学生经常能提出问题的比例明显偏低。

第 3 题，提出的物理问题能够得到认同是问学生提出问题的质量，有 14.9% 的学生表示经常会，有 72.0% 的学生表示偶尔会，有 13.1% 的学生表示几乎不会。提出的物理问题能够经常得到认同的学生比例，城区高于非城区，高二年级高于高三年级。

分析：调查中发现，在认识问题、提出问题能力方面，女生与男生存在一定的差异，性别差异需要我们在平时教学过程中给予关注。在能否经常思考问题、能否经常提出问题、所提出的问题能否得到认同等问题中，表示经常会的非城区学生所占比例都比城区低，这表明非城区教师要明确培养学生问题意识的重要性、迫切性；表示经常会的高三学生所占比例也明显低于高二学生，这说明我们除了要对当前的课程安排问题进行反思外，还应该好好思考当前的高三备考方式是否存在问题。

2. 模型建构能力方面（见表 3）

表 3

题号	选项	总体（%）	性别（%）		地域（%）		年级（%）	
			男	女	城区	非城区	高三	高二
4	A	13.7	13.7	13.7	17.5	7.7	11.5	15.0
	B	57.0	50.2	63.3	54.4	61.2	60.3	55.1
	C	29.3	36.1	23.0	28.1	31.1	28.2	29.9
5	A	9.3	10.6	8.1	7.5	12.0	12.1	7.6
	B	88.0	86.8	89.1	89.1	86.4	86.8	88.7
	C	2.7	2.6	2.8	3.4	1.6	1.1	3.7

续 表

题号	选项	总体（%）	性别（%）		地域（%）		年级（%）	
			男	女	城区	非城区	高三	高二
6	A	13.5	10.2	16.5	11.6	16.4	16.1	12.0
	B	68.2	70.9	65.8	68.8	67.2	66.1	69.4
	C	18.3	18.9	17.7	19.6	16.4	17.8	18.6
7	A	10.9	12.3	9.7	10.3	12.0	11.5	10.6
	B	26.4	24.7	27.8	21.2	34.4	33.9	21.9
	C	62.7	63.0	62.5	68.5	53.6	54.6	67.5
8	A	36.5	40.5	32.7	39.4	31.7	35.6	36.9
	B	56.8	53.3	60.1	56.5	57.4	54.6	58.1
	C	6.7	6.2	7.2	4.1	10.9	9.8	5.0
9	A	20.4	30.1	12.5	25.3	12.5	16.1	23.0
	B	61.9	59.0	64.5	63.4	59.6	64.9	60.1
	C	17.7	11.9	23.0	11.3	27.9	19.0	16.9

第4题，对于物理问题解决困难的原因回答，13.7%的学生表示读不懂题目的意思，57.0%的学生表示想象不出物理情景和物理过程，29.3%的学生表示对物理公式的意义和适用条件（适用范围）不太清楚。有36.1%的男生表示由于对公式的意义和适用条件不清楚导致问题解决困难，相比女生的23.0%明显偏高。

第5题，对于物理模型的含义理解回答，9.3%的学生认为物理模型和现实生活一模一样，完全反映现实生活；88.0%的学生认为物理模型是排除了非本质因素的干扰，舍弃了次要因素；2.7%的学生认为物理模型是完全脱离生活，毫无意义的。

第6题，对于建立物理模型的目的的回答，13.5%的学生认为建立物理模型是为了解决物理问题时方便套用公式，68.2%的学生认为建立物理模型能突出物理问题的本质，18.3%的学生认为建立物理模型能更好地套用学过的模式解决问题。

第7题，对于哪一项不是物理模型的判别回答，有62.7%的学生回答正确，选 C 选项，即选"力的分解、分子动能、磁通量"，还有 37.3% 的学生对物理模型判别错误。

第 8 题，能否在熟悉的问题情境中运用物理模型的回答，有 36.5% 的学生表示可以，有 56.8% 的学生表示偶尔可以，有 6.7% 的学生表示几乎不能。

第 9 题，对于比较复杂的物理问题，能否将其转换为相应的物理模型解决问题的回答，有 20.4% 的学生表示可以，有 61.9% 的学生表示偶尔可以，有 17.7% 的学生表示几乎不能。另在该问题回答中，表示可以的女生所占比例为 12.5%，明显低于男生 30.1% 的比例；表示可以的非城区学生所占比例为 12.5%，低于城区 25.3% 的比例。

分析：本次调查对象是高二、高三学生，但有 12% 的学生不理解物理模型的内涵，31.8% 的学生对建立物理模型的目的不明确，37.3% 的学生对物理模型判别错误，这要求教师在平时物理教学中应注重概念教学，加强模型建构显性化教学意识；让学生对概念的内涵和外延做到准确理解，让学生明确物理模型的构建是抓主要因素，忽略次要因素，是突出问题本质，将实际问题简化、抽象为物理问题的过程。表示对物理公式的意义和适用条件（适用范围）不太清楚，导致解决物理问题困难的男生比例明显比女生高，反映出男生在学习过程中没有女生细心、踏实；表示读不懂题目的意思导致解决物理问题困难的城区学生比例明显比非城区高，希望城区教师在今后教学中加强对学生分析能力、获取信息能力的训练和培养。

3. 科学推理能力方面（见表 4）

表 4

题号	选项	总体（%）	性别（%）		地域（%）		年级（%）	
			男	女	城区	非城区	高三	高二
10	A	15.2	16.7	13.7	18.8	9.3	9.8	18.3
	B	45.9	53.3	39.1	49.4	40.4	41.3	48.5
	C	38.9	30.0	47.2	31.8	50.3	48.9	33.2
11	A	46.2	57.7	35.5	55.8	30.6	35.6	52.2
	B	50.9	39.2	61.7	42.5	64.5	58.6	46.5
	C	2.9	3.1	2.8	1.7	4.9	5.7	1.3

题号	选项	总体（%）	性别（%）		地域（%）		年级（%）	
			男	女	城区	非城区	高三	高二
12	A	27.4	34.4	21.0	33.6	17.5	22.4	30.3
	B	61.9	59.5	64.1	59.6	65.6	63.2	61.1
	C	10.7	6.3	14.9	6.8	16.9	14.4	8.6
13	A	21.5	28.6	14.9	26.3	13.7	16.1	24.6
	B	64.2	62.6	65.7	65.1	62.8	65.5	63.4
	C	14.3	8.8	19.4	8.6	23.5	18.4	12.0

第10题，对于是否知道如何通过类比"点电荷"建立"电流元"概念的问题，15.2%的学生表示非常清楚，45.9%的学生表示比较清楚，38.9%的学生表示不清楚。有47.2%的女生表示不清楚，明显高于男生的比例30.0%；非城区50.3%的学生表示不清楚，明显高于城区学生的比例31.8%；高三有近一半学生表示不清楚如何通过类比"点电荷"建立"电流元"的概念。

第11题，对于能否分析推导得出"重力对物体做的功只与物体的起点和终点的位置有关，而跟物体运动的路径无关"结论的问题，46.2%的学生表示能自主推导出来，50.9%的学生表示无法自主推导，但是能看懂教材上的推导过程，2.9%的学生表示无法自主推导，也看不懂教材上的推导过程。有35.5%的女生表示能自主推导重力对物体做的功与运动的路径无关的结论，低于男生的比例57.7%；非城区30.6%的学生表示能自主推导出来，明显低于城区学生的比例55.8%；高三学生能自主推导的比例比高二学生低16.6%。

第12题，自我评价自身的演绎推理能力。27.4%的学生表示非常好，61.9%的学生表示一般，10.7%的学生表示比较差。只有21.0%的女生认为自身的演绎推理能力非常好，明显低于男生34.4%的比例；16.9%的非城区学生认为自身的演绎推理能力比较差，比城区6.8%的比例高10.1%。

第13题，能否在较复杂的物理问题与现象中，清晰地对其进行分析和推理，21.5%的学生表示多数时间可以，64.2%的学生表示偶尔可以，14.3%的学生表示几乎不能。19.4%的女生认为不能对较复杂的物理问题进行分析和推理，高于男生8.8%的比例；23.5%的非城区学生认为不能对较复杂的物理问题进行分析和推理，明显高于城区 8.6% 的比例。

　　分析：非城区有一半的学生表示不清楚如何通过类比"点电荷"建立"电流元"的概念，只有不到 1/3 的学生表示能自主推导出重力对物体做的功与运动的路径无关的结论。从调查数据分析来看，非城区的物理教学应加强对学生思维方法的教育，关注学生科学推理能力的培养。高三有近一半学生表示不清楚如何通过类比"点电荷"建立"电流元"的概念，在推导重力对物体做的功与运动的路径无关的结论方面也比高二低 16.6%，这种反常的现象，说明基于科学思维培养的高考备考复习策略有待我们去进行深入探讨与研究。另外，通过分析发现，女生在逻辑推理能力方面，与男生相比还是存在一定的差异。

　　4. 科学论证能力方面（见表 5）

表 5

题号	选项	总体（%）	性别（%）		地域（%）		年级（%）	
			男	女	城区	非城区	高三	高二
14	A	32.6	39.2	26.6	41.1	19.1	23.6	37.8
	B	52.5	49.3	55.2	47.9	59.6	58.0	49.2
	C	14.9	11.5	18.2	11.0	21.3	18.4	13.0
15	A	16.4	13.2	19.4	13.0	21.9	24.7	11.6
	B	69.3	72.7	66.1	71.6	65.6	63.2	72.8
	C	14.3	14.1	14.5	15.4	12.5	12.1	15.6
16	A	17.3	22.9	12.1	21.6	10.4	12.7	19.9
	B	65.4	65.2	65.7	64.4	67.2	71.8	61.8
	C	17.3	11.9	22.2	14.0	22.2	15.5	18.3
17	A	57.7	63.0	52.8	63.0	49.2	56.9	58.1
	B	38.7	33.0	44.0	33.9	46.4	39.7	38.2
	C	3.6	4.0	3.2	3.1	4.4	3.4	3.7
18	A	31.8	37.4	26.6	40.4	18.0	21.8	37.5
	B	57.5	52.5	62.1	52.4	68.9	68.4	53.2
	C	10.7	10.1	11.3	9.2	13.1	9.8	11.3

第 14 题，在主动去寻找科学证据解释自己的观点方面，32.6% 的学生表示经常会，52.5% 的学生表示偶尔会，14.9% 的学生表示几乎不会。39.2% 的男生表示经常会去找证据解释自己的观点，女生只有 26.6%；城区有 41.1% 的学生表示会经常去找证据证明自己的观点，比非城区学生的比例高出 22 个百分点。

第 15 题，对实验误差分析能力的自我评价，16.4% 的学生表示自己非常好，69.3% 的学生表示自己一般，14.3% 的学生表示自己比较差。高三认为自己在实验误差分析能力非常好的学生比例比高二学生高出 13.1 个百分点。

第 16 题，对于使用"反证法"进行解题的能力水平评价方面，17.3% 的学生表示自己非常好，65.4% 的学生表示自己一般，17.3% 的学生表示自己比较差。认为自己在使用"反证法"方面非常好的男生所占比例为 22.9%，女生所占比例为 12.1%；城区学生占比为 21.6%，非城区学生占比为 10.4%。

第 17 题，利用实验得到的"纸带"，能否根据物理规律和计算结果来分析论证物体做匀变速直线运动，57.7% 的学生表示自己可以分析论证，38.7% 的学生表示不知道如何分析论证，但会利用纸带计算速度和加速度等物理量，3.6% 的学生表示不知道如何分析论证，也不会利用纸带计算相应物理量。认为自己能够利用纸带来分析论证物体做匀变速直线运动的非城区学生占 49.2%，明显低于城区学生 63.0% 的比例。

第 18 题，对于解决问题证据的可靠性考虑方面，有 31.8% 的学生表示经常会，有 57.5% 的学生表示偶尔会，有 10.7% 的学生表示几乎不会。非城区只有 18.0% 的学生表示会经常去考虑问题证据的可靠性，比城区同学比例 40.4% 明显偏低，高三同学只有 21.8% 的学生表示会经常去考虑，而高二学生的比例是 37.5%。

分析： 在寻找科学证据证明观点正确与否的自我评价方面，男生整体比女生好，非城区学生整体和城区学生有较大的差距。科学论证要素的原始含义实质就是证据意识，提高学生的科学论证能力，就是培养学生的证据意识，用可靠的证据证明观点正确性的意识。对于考虑证据可靠性方面，总体只有 31.8% 的学生表示会经常去考虑，非城区学生所占的比例比城区学生的比例低 22.4%，高三学生所占比例比高二学生的比例低 15.7 个百分点，这些数据背后所隐藏的问题，有待于教师去思考和解决。

5. 质疑创新能力方面（见表6）

表6

题号	选项	总体（%）	性别（%）		地域（%）		年级（%）	
			男	女	城区	非城区	高三	高二
19	A	9.9	11.1	8.9	10.2	9.3	10.9	9.3
	B	48.4	49.3	47.6	44.9	54.1	50.6	47.2
	C	41.7	39.6	43.5	44.9	36.6	38.5	43.5
20	A	22.5	24.7	20.6	21.9	23.5	27.1	19.9
	B	56.4	53.7	58.8	58.9	52.5	55.7	56.8
	C	21.1	21.6	20.6	19.2	24.0	17.2	23.3
21	A	5.7	7.0	4.5	8.5	6.6	6.3	8.6
	B	29.9	33.9	26.2	29.5	30.6	32.2	28.6
	C	62.4	59.1	65.3	62.0	62.6	61.5	62.8
22	A	16.0	19.4	12.9	18.8	11.5	12.6	17.9
	B	60.4	64.3	56.9	63.4	55.7	65.6	57.5
	C	23.6	16.3	30.2	17.8	32.8	21.8	24.6
23	A	7.8	10.2	5.6	8.9	6.0	6.9	8.3
	B	32.0	38.3	26.2	32.9	30.6	35.6	29.9
	C	60.2	51.5	68.2	58.2	63.4	57.5	61.8

第19题，对于在平时发现自己解决问题的方法与老师的不同时，能否当面提出问题，9.9%的学生表示经常会，48.4%的学生表示偶尔会，41.7%的学生表示几乎不会。

第20题，对于在探究摩擦力与压力关系，是否对用手拉动弹簧测力计使物体匀速运动的方法产生疑问，并想办法去改进实验的问题，22.5%的学生表示想过并提出了自己的解决方案，56.4%的学生表示想过，但想不出解决方案，21.1%的学生表示没有想过这个问题。

第21题，对于是否会将题目进行改编的问题，5.7%的学生表示经常会，29.9%的学生表示偶尔会，62.4%的学生表示几乎不会。

第 22 题，对于面对有多种解法的问题，能否从不同角度对物理问题进行思考和分析的问题，16.0% 的学生表示经常会，60.4% 的学生表示偶尔会，23.6% 的学生表示几乎不会。对于能否从不同角度对物理问题进行思考和分析的问题，有 30.2% 的女生表示几乎不会，明显比男生 16.3% 的比例高；有 32.8% 的非城区学生表示几乎不会，也比城区学生 17.8% 的比例高。

第 23 题，对于是否会去制作物理小制作、小作品，7.8% 的学生表示经常会，32.0% 的学生表示偶尔会，60.2% 的学生表示几乎不会。男生中有 51.5% 表示从来不会去制作物理小制作、小作品，女生则高达 68.2% 的比例。

分析： 发现自己解决问题的方法与老师的不同时，41.7% 的学生表示不会或不敢提出来。由此可见，教师构建民主、自由、和谐的课堂还任重道远。对于在探究摩擦力与压力关系，是否对用手拉动弹簧测力计使物体匀速运动的方法产生疑问，并想办法去改进实验的问题，56.4% 的学生表示想过，但想不出解决方案，学生知道问题存在，但找不到问题解决方法，说明学生解决问题能力差、创新能力差；有 21.1% 的学生表示没有想过这个问题，说明学生的质疑意识有待提高。超过 60% 的学生表示不会去制作物理小制作、小作品，不会去进行习题改编，这些问题的呈现，要求我们在今后的教学过程中，要加强对学生的动手能力、创新能力的培养。另外，对于能否从不同角度对物理问题进行思考和分析的问题，性别上带来的差距、城乡教育之间的差距依然存在。

五、主要结论

1. 从调查内容分析

问题意识是科学思维的动力、创新精神的基石，学生能否发现问题、提出有意义的问题是检验学生问题意识的重要尺度。调查发现，很多学生不知"疑"在何处、不知"惑"在何方，不能发现问题，更不能提出问题；因而培养学生的问题意识，除了需要培养学生积极主动提问的习惯，还要对学生渗透质疑问难的方法与途径，使学生由"敢于提问"向"善于提问"发展。

为了简化问题，物理学研究中往往采用"简化"的方式，对实际问题进行抽象处理，得到一种能反映问题本质特性的理想物质（过程）或假想结构，即物理模型。模型建构是一种认识手段和思维方式，模型建构能力的高低，直接影响着问题的解决。调查发现，很大部分学生解决物理实际问题困难主要就是由于其获取信息、处理信息的能力差，建立物理模型困难所造成的。教学过程中，应该让学生认识到将具体、复杂的物体或过程用简化的模型来代替，可使问题简单化，方便寻找解决问题的路径。教师应明确，让学生理解和学会应用相关的物理模型固然是教学目的，但也不要忽视了在建构和应用物理模型过程中对学生抽象思维、概括思维等思维方式的培养。

科学推理是由一个或几个已知的判断推导出一个未知结论的思维过程。科学论证是基于证据和理论知识辩护自己的主张，思考理由的不确定性，从而评估、修正主张的过程。科学论证和科学推理是相互联系的，在同一学习过程或探究过程中，往往既是科学推理的过程，也是运用证据进行论证观点的过程。调查发现，部分学生不知道怎样用科学推理解决实际问题，解题时无从下手，可见学生推理水平不高，需要教师在教学过程中因势利导、循序渐进，从而提高学生的科学推理能力。另外，教师在教学过程中，要强调证据意识，培养学生"说话要有证据"的思维习惯，使学生对物理概念、物理规律获得深入的理解，使学生进行深度学习，促进学生思维能力的发展。

质疑是提出疑问，创新是指以现有的思维模式提出有别于常规或常人思路的见解为导向，利用现有知识改进与创造新的方式、方法、路径等行为。教、学、评三者相辅相成，才能更好地加强学生在物理方面的学习。调查发现，从现有的教学模式来看，大部分学生在课堂上还是以接受教师的知识灌输为主，主动思考且能提出质疑的学生仅占很小的比例，因此作为一名新时代的物理教师，应合理设计教学过程，以问题为中心，以活动为抓手，达成培养并提升学生质疑创新能力的目的。

2. 从调查类别分析

性别差异是指不同性别所表现出来的稳定的、独特的心理特征。女生注意力集中，关注细节，语言表达能力强，形象思维占优势；男生倾向于独立思考，分析与综合能力较强，处理问题比较重视整体与部分之间的联系，但对细节关注不够。在调查中发现，女生在对现象的思考、问题解决、逻辑推理等方面，与男生存在较大差距。教师应正确认识学生的性别差异，注意在实际教学过程中"扬长"和"补短"，尽量降低性别差异随学生的年龄增长和年级升高而进一步扩大的程度。

与城区相比，非城区存在教育观念相对落后、师资力量对薄弱，信息闭塞，视野狭隘等因素。这些因素直接反映出在问题意识、质疑创新等方面，非城区学生与城区学生存在着较大的差距。这需要相关职能部门增大对乡村教育的投入，加强对乡村教师的培训，提高乡村教师的专业素养，加强城乡间的教师交流，缩小城乡教育的差距，真正实现城乡教育的均衡发展。

通过调查，两个年级学生的科学思维素养培养水平整体上差距不大，但在提出问题能力、运用科学方法理解建立物理概念、证据可靠性考虑等方面，出现了倒挂现象，高三学生与高二学生存在着较大的差距；这充分说明高三备考复习中，科学思维培养的效果很不理想。究其原因，首先"分数不重要，知识、能力、素养才重要"虽然已引发社会的共鸣，但实际最让学生、家长、教师、学校魂牵梦萦的，恰恰是考试分数；在这样的教育背景之下，高三的备考复习依然承受着巨大的高考压力，高考成绩的优劣依然是评价学校、教师、学生的重要指标。其次，虽然近年来高考命题在不断加大改革力度，但试题仍然没能很好地对学生的科学思维能力进行有效评价，这导致高三备考复习教学更多地重视物理知识和应试技能方面的训练，而不是科学思维方面的培养教学。

参考文献

［1］中华人民共和国教育部．普通高中物理课程标准（2017 年版）［M］．北京：人民教育出版社，2018.

［2］廖伯琴．普通高中物理课程标准（2017 年版）解读［M］．北京：高等教育出版社，2018.

［3］教育部考试中心．中国高考评价体系［M］．北京：人民教育出版社，2019.

附：调查问卷

性别：A. 男　　　B. 女

1. 你平时会从物理的角度去思考一些生活现象吗？

A. 经常会　　　　B. 偶尔会　　　　C. 几乎不会

2. 在物理学习过程中，你能否提出与物理相关的问题？

A. 经常会　　　　B. 偶尔会　　　　C. 几乎不会

3. 你提出的物理问题能够得到老师和同学的认同吗？

A. 经常会　　　　B. 偶尔会　　　　C. 几乎不会

4. 在物理学习过程中，你解决物理问题（如解答习题）的困难主要来自（   ）。

A. 读不懂题目的意思

B. 虽能读懂题目，但想象不出物理情景和物理过程

C. 对物理公式的意义和适用条件（适用范围）不太清楚

5. 你学习物理的过程中，你认为物理模型的含义是（   ）。

A. 和现实生活一模一样，完全反映现实生活

B. 排除了非本质因素的干扰，舍弃了次要因素

C. 是完全脱离生活的，毫无意义的

6. 为什么在解决物理问题时要建立物理模型？（   ）

A. 为了解决物理问题时方便套用公式

B. 能突出物理问题的本质

C. 能更好地套用学过的模式解决问题

7. 下列选项中，你认为哪一项不是物理模型？（   ）

A. 圆周运动、平抛运动、光滑斜面

B. 轻弹簧、检验电荷、理想变压器

C. 力的分解、分子动能、磁通量

8. 你是否能够在熟悉的问题情境中运用物理模型？（   ）

A. 可以   B. 偶尔可以   C. 几乎不能

9. 面对比较复杂的物理问题，你是否可以将其转换为相应的物理模型解决问题？（   ）

A. 可以   B. 偶尔可以   C. 几乎不能

10. 你是否知道如何通过类比"点电荷"建立"电流元"的概念？（   ）

A. 非常清楚   B. 比较清楚   C. 不清楚

11. 你能否分析推导得出"重力对物体做的功只与物体的起点和终点的位置有关，而跟物体运动的路径无关"的结论？（   ）

A. 能自主推导出来

B. 无法自主推导，但能看懂推导过程

C. 无法自主推导，也看不懂推导过程

12. 在物理学习中，从一个普遍的物理规律、概念或其他经验、知识出发，推出一个具体的、特殊的结论，这种思维方法称为演绎推理。你认为自己的演绎推理能力如何？（例如：学习了匀变速直线运动规律后，你能够很自然地运用匀变速直线运动特点来分析自由落体运动）（　　　）

    A. 非常好　　　　　B. 一般　　　　　C. 比较差

13. 面对较复杂的物理问题与现象，是否能够逻辑清晰地对其进行分析和推理呢？（　　　）

    A. 多数可以　　　　B. 偶尔可以　　　　C. 几乎不能

14. 在生活中遇到问题时，你会主动去寻找科学证据解释自己的观点吗？（　　　）

    A. 经常会　　　　　B. 偶尔会　　　　　C. 几乎不会

15. 你在处理实验数据时，实验误差分析的能力如何？（　　　）

    A. 非常好　　　　　B. 一般　　　　　C. 比较差

16. 在学习物理知识时，你使用"反证法"解题的能力水平如何？（例如证明一个静止在粗糙水平面上的物体是否受到摩擦力的作用）（　　　）

    A. 非常好　　　　　B. 一般　　　　　C. 比较差

17. 你能否利用实验得到的"纸带"，根据物理规律和计算结果来分析论证物体做匀变速直线运动？（　　　）

    A. 可以分析论证

    B、不知道如何分析论证，但会利用纸带计算速度和加速度等

    C. 不知道如何分析论证，也不会利用纸带计算相应物理量

18. 在解决物理问题时，你会考虑解决问题证据的可靠性吗？（　　　）

    A. 经常会　　　　　B. 偶尔会　　　　　C. 几乎不会

19. 在平时上课，当自己解决问题的方法与老师的不同时，你会当面提出来吗？（　　　）

    A. 经常会　　　　　B. 偶尔会　　　　　C. 几乎不会

20. 在探究摩擦力与压力关系时，你是否对用手拉动弹簧测力计使物体匀速运动的方法产生疑问，并想办法去改进实验？（　　　）

    A. 想过并提出了自己的解决方案

    B. 想过，但想不出来解决方案

C. 没有想过这个问题

21. 你是否会将原有习题进行创造性的改编？（　　）

A. 经常会　　　　　B. 偶尔会　　　　　C. 几乎不会

22. 面对有多种解法的问题，你是否能够从不同角度对物理问题进行思考和分析？（　　）

A. 经常会　　　　　B. 偶尔会　　　　　C. 几乎不会

23. 在课外活动中，你是否会去制作一些独特、新颖的物理小制作、小作品？（　　）

A. 经常会　　　　　B. 偶尔会　　　　　C. 几乎不会

（广州市第五中学　李红伟）

高中物理教学中科学思维培养调查与分析

根据教学中科学思维的培养现状，针对存在的问题进行分析，初步探讨问题解决的途径。

一、调查目的

了解当前高中物理教师对新课标的认知程度，对学生科学思维培养重要性的认识程度；了解高中物理教学中科学思维的培养现状，明确在实际教学中落实科学思维培养教学的难点；根据调查结果提出教学优化的策略以及培养建议，促进新课改的实施。

二、问卷编制

科学思维能够很好地体现物理学科的特点，确立了科学思维在物理学科核心素养的中心地位。在物理教学中有效落实物理学科素养，渗透科学思维培养，不仅要求教师明确科学思维培养的重要性，还要求教师有意识地探索培养学生的科学思维的途径，从而真正推进新课程标准的实施。据此，调查问卷主要涉及以下几个方面：

第一，参与问卷调查教师的基本情况。问卷的第一部分主要调查教师性别、教龄、职称、任教的年级、学校所在地等内容。

第二，了解教师对科学思维的认识和理解程度。教师作为知识的传播者，其本身的学科素养水平是影响学生科学思维培养的重要因素，要提升学生的思维水平，必须先了解教师对科学思维的认识和理解程度。问卷的第二部分主要调查教师对物理学科核心素养、科学思维的要素等内容的认知程度以及对科学思维的了解途径等内容。

第三，了解科学思维培养的教学现状。要高效培养学生的科学思维能力，须先了解培养的现状，才能对症下药。问卷的第三部分分别从科学思维培养实施、挖掘科学思维教学内容、模型建构能力培养、科学推理与论证能力培养、质疑创新能力培养等方面了解当前科学思维培养的现状。

第四，了解科学思维培养的教学策略。问卷的第四部分分别从概念与规律教学、实验教学和习题教学三种不同的课型，了解教师培养学生科学思维能力的教学手段与教学策略。

第五，了解科学思维培养的影响因素及培养建议。问卷的第五部分主要是了解教师在科学思维培养教学中遇到的困难，科学思维素养评价方式、教师素养提升需求方面、科学思维培养的合理意见与建议等。

问卷的设计指标如表1所示。

表1

题号	题型	调查维度	具体指标
1~5	单选	调查对象信息情况	性别、教龄、职称、任教的年级、学校所在地等
6	单选	对科学思维的认识和理解程度	学习课程标准的情况
18	多选		物理学科核心素养内容方面
19	多选		科学思维内容方面
7	单选		对科学思维培养重要性看法
20	多选		科学思维的了解途径
8	单选	科学思维培养的现状	评价学生科学思维的能力水平
9	单选		科学思维培养实施情况
10	单选		挖掘科学思维教学内容情况
11	单选		模型建构能力培养方面
12	单选		科学推理与论证能力培养方面
13	单选		质疑创新能力培养方面
14	单选	科学思维培养的教学策略	概念、规律教学的策略
21	多选		
15	单选		实验教学的策略
22	多选		
16	单选		习题教学的策略

续 表

题号	题型	调查维度	具体指标
17	单选	科学思维培养的影响因素及培养建议	科学思维素养评价方式
23	多选		科学思维培养困难的原因
24	多选		教师素养提升需求方面
25	多选		科学思维培养的建议

采用纸质问卷时发放及回收均会耗费大量的时间，而采用问卷星程序不仅节省时间，且在后台可以随时查看问卷数据统计，因此本次问卷开始先用 Word 进行编排，然后利用问卷星程序设计链接，进行网上问卷的发放与回收。

三、调查实施

调查对象：广东省各中学高中物理教师

调查方式：问卷星

调查时间：2022 年 4 月 27 日至 29 日

调查对象基本情况如图 1 所示。

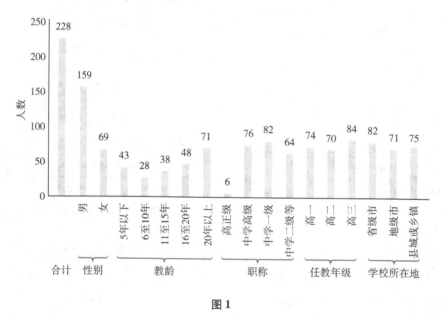

图 1

本次调查的一线高中物理教师来自不同年级，涵盖了不同教龄和职称，既有刚进入教学岗位的新手教师，又有经验丰富的骨干教师与专家教师，调查对象比较全面，确保从不同层面了解目前对学生科学思维培养的现状。

四、调查结果统计与分析

1. 对科学思维的认识和理解程度（见表2）

表2

题号	选项	总体情况		性别		学校所在地		
		人数（人）	比例（%）	男（%）	女（%）	省级（%）	地市（%）	县乡（%）
6	A	51	22.4	27.7	10.1	24.4	21.2	21.3
	B	76	33.3	33.3	33.3	37.8	33.8	28.0
	C	87	38.2	34.0	47.9	34.2	38.0	42.7
	D	13	5.7	4.4	8.7	2.4	7.0	8.0
	E	1	0.4	0.6	0	1.2	0	0
7	A	179	78.5	76.1	84.1	84.2	80.3	70.7
	B	46	20.2	22.0	15.9	14.6	18.3	28.0
	C	3	1.3	1.9	0	1.2	1.4	1.3
	D	0	0	0	0	0	0	0
	E	0	0	0	0	0	0	0
18	A	188	82.5	82.4	82.6	80.5	83.1	84.0
	B	188	82.5	81.1	85.5	80.5	81.7	85.3
	C	69	30.3	29.6	31.9	28.1	23.9	38.7
	D	66	29.0	28.3	30.4	29.3	22.7	34.7
	E	171	75.0	71.7	82.6	70.7	81.7	73.3
	F	19	8.3	7.5	10.1	4.9	12.7	8.0
	G	39	17.1	17.0	17.4	20.7	19.7	10.7
	H	121	53.1	53.5	52.2	58.5	53.5	46.7
19	A	198	86.8	88.7	82.6	91.5	83.1	85.3
	B	126	55.3	58.5	47.8	54.9	59.2	52.0

题号	选项	总体情况		性别		学校所在地		
		人数（人）	比例（%）	男（%）	女（%）	省级（%）	地市（%）	县乡（%）
19	C	90	39.5	35.9	47.8	31.7	39.4	48.0
	D	42	18.4	18.9	17.4	13.4	16.9	25.3
	E	131	57.5	52.2	69.6	54.9	54.9	62.7
	F	91	39.9	37.7	44.9	41.5	40.9	37.3
	G	95	41.7	40.3	44.9	48.8	39.4	36.0
	H	95	41.7	41.5	42.0	47.6	45.1	32.0
20	A	151	66.2	65.4	68.1	67.1	59.2	72.0
	B	149	65.4	67.3	60.9	69.5	70.4	56.0
	C	164	71.9	69.8	76.8	68.3	71.8	76.0
	D	106	46.5	45.9	47.8	40.2	43.7	56.0
	E	56	24.6	25.8	21.7	23.2	21.1	29.3
	F	9	4.0	4.4	2.9	0	7.0	5.3

第6题，对《普通高中物理课程标准（2017年版）》的学习情况，55.7%的教师表示"一直"或"经常"学习，只有6.1%的教师表示"几乎没有"或"完全没有"学习；表示"一直"学习的男教师比例为27.7%，比女教师10.1%的比例高得多。

第7题，在高中物理教学中，是否有必要关注学生的科学思维培养的回答，98.7%的教师表示"非常必要"或"必要"，没有人认为"不必要"或"非常不必要"；省城学校教师表示"非常必要"的比例比县乡学校教师的比例高出13.5%。

第18题，对于物理学科核心素养包括物理观念、科学思维、科学探究、科学态度与责任四个方面内容，参加调查的228名物理教师中，全部选项选对的有81人，占比为35.5%；选对其中3个选项的有70人，占比为30.7%，选对其中2个选项的有60人，占比为26.4%；选对其中1个选项的有15人，占比为6.6%；有2人选项全部选错，占比为0.8%；另外，选择"科学态度与责任"选项的教师只有121人，占比为53.1%。

第19题，对于科学思维包括模型建构、科学推理、科学论证、质疑创新四个方面要素，参加调查的228名物理教师中，选项全部选对的有31人，占比为13.6%；选对其中3个选项的有47人，占比为20.6%，选对其中2个选项的有103人，占比为45.2%；选对其中1个选项的有42人，占比为18.4%；有5人选项全部选错，占比为2.2%；另外，选择"科学推理"选项的教师和选择"质疑创新"选项的教师都只有95人，占比均为41.7%，县乡学校的教师选择"质疑创新"选项的比例只有32.0%。

第20题，关于了解科学思维的概念和相关培养策略的途径问题的回答，主要了解的渠道是网络搜索、教育期刊、教研活动等，46.5%的教师是通过教辅用书了解的，24.6%的教师通过其他途径了解到关于培养学生科学思维的内涵和策略，另外有4.0%的教师表示没有专门去了解过对学生科学思维培养的相关问题。

分析：自新的课程标准颁布以来，教师的教育思想、教学理念、教学方法有了较大的转变，教学效率也有了很大的提高。但从调查中也发现存在令人担忧的方面，只有一半多的教师会经常去学习课程标准，甚至有部分教师根本没有去学习高中物理课程标准；由于家庭事务、个人精力等各方面原因，女教师在学习进修方面比男教师的时间投入要少得多。调查发现，教师虽然对物理学科核心素养有了一定的认知，但在学科核心素养内容的选择中，全部选对的教师占比仅为35.5%，大部分教师对学科核心素养内容的掌握不够；虽然教师对科学思维有一定的了解，但在科学思维因素的选择中，全部选对的教师占比仅为13.6%，绝大部分教师分不清楚科学思维的内容和方法，对科学思维要素的理解程度不够深刻。调查中反映，大部分教师都会有意识地通过各种渠道了解与科学思维相关的教育内容，这对落实科学思维培养教育是非常有益的。

2. 科学思维培养的现状（见表3）

表3　科学思维培养统计

题号	选项	总体情况		性别		学校所在地		
		人数（人）	比例（%）	男（%）	女（%）	省级（%）	地市（%）	县乡（%）
8	A	14	6.1	8.8	0	8.5	8.5	1.3
	B	55	24.1	26.4	18.8	36.6	21.1	13.3
	C	118	51.8	48.4	59.5	45.1	59.1	52.1

续 表

题号	选项	总体情况		性别		学校所在地		
		人数（人）	比例（%）	男（%）	女（%）	省级（%）	地市（%）	县乡（%）
8	D	33	14.5	12.6	18.8	9.8	9.9	24.0
	E	8	3.5	3.8	2.9	0	1.4	9.3
9	A	57	25.0	29.6	14.5	32.9	23.9	17.3
	B	138	60.5	57.1	68.1	58.6	67.6	56.0
	C	31	13.6	12.0	17.4	7.3	7.1	26.7
	D	2	0.9	1.3	0	1.2	1.4	0
10	A	60	26.3	31.5	14.5	35.3	28.2	14.7
	B	88	38.6	37.7	40.5	34.2	43.6	38.6
	C	74	32.5	27.0	45.0	26.8	26.8	44.0
	D	6	2.6	3.8	0	3.7	1.4	2.7
	E	0	0	0	0	0	0	0
11	A	83	36.4	41.5	24.6	47.6	29.6	30.7
	B	108	47.3	41.5	60.9	37.8	52.1	53.3
	C	35	15.4	15.7	14.5	13.4	16.9	16.0
	D	2	0.9	1.3	0	1.2	1.4	0
	E	0	0	0	0	0	0	0
12	A	52	22.8	27.7	11.4	32.9	18.3	16.0
	B	85	37.3	37.7	36.3	36.6	42.3	33.3
	C	80	35.1	31.5	43.5	25.6	35.2	45.4
	D	10	4.4	3.1	7.3	4.9	2.8	5.3
	E	1	0.4	0	1.5	0	1.4	0
13	A	45	19.7	27.7	16.0	25.5	18.4	14.7
	B	68	29.8	37.7	21.7	28.1	35.2	26.6
	C	98	43.0	31.5	52.2	36.6	40.8	52.0
	D	17	7.5	3.1	10.1	9.8	5.6	6.7
	E	0	0	0	0	0	0	0

第8题，对自己所任班级学生的科学思维能力评价问题，30.2%的教师表示很好或比较好，有18.0%的教师表示不好或比较不好。县乡学校的教师认为自己所任班级学生的科学思维能力很好或比较好的比例只有14.6%，比省城学校教师的占比低30.5%；没有一位女教师认为自己所任班级的科学思维能力很好。

第9题，对学生开展实施科学思维培养的问题，25.0%的教师表示已经开始有计划、有目的地培养学生的科学思维，60.5%的教师表示开始摸索培养学生的科学思维，有14.5%的教师表示从未想过或者是想过了但无从下手；其中，县乡学校的教师有26.7%表示想过了但无从下手；另外在已经开始对学生实施科学思维培养方面，女教师与男教师存在着一定的差距。

第10题，在是否会主动挖掘与科学思维有关的教学内容方面，64.9%的教师表示一直都会或经常会，只有2.6%的教师表示很少会，没有教师表示从来不会；县乡学校的教师表示一直都会或经常会的占比比省城学校教师的占比低16.2%；在主动挖掘与科学思维有关的教学内容方面，女教师比男教师要差。

第11题，在引导学生自主建立物理模型方面，83.7%的教师表示一直都会或经常会，表示很少会的只有0.9%，没有教师表示从来不会去引导学生自主建立物理模型。

第12题，在引导学生自行进行科学推理与论证方面，60.1%的教师表示一直都会或经常会，表示不会或很少会的有4.8%；县乡学校的教师表示一直都会或经常会的比例比省城学校的比例低20.2%，女教师的占比比男教师的占比低17.5%。

第13题，在引导学生对所讲授的内容或书本知识提出质疑创新方面，49.5%的教师表示一直都会或经常会，表示很少会的有7.5%，没有教师表示从来不会；女教师表示一直都会或经常会的占比比男教师的占比低27.7%。县乡学校的教师在引导学生对所讲授的内容知识提出质疑方面，比省城学校的教师稍微要差一点。

分析：学生的科学思维能力是在学科知识的学习活动过程中形成和发展起来的，其培养必将贯穿在学科知识的学习过程中。据调查了解，近2/3的教师认识到了自己所教学生的科学思维能力不好的问题，但只有1/4的教师开始有计划、有目的地去实施、去解决问题，64.9%的教师表示经常在教学设计中主动挖掘与科学思维有关的教学内容；可见大部分教师都知道科学思维培养的重要性，但由于各种各样的原因，科学思维的培养实施并未到位，教学没有达到预期的效果。同时，在引导学生自主构建物理模型、科学推理、科学论证和质疑创新等方面，女教师与男教师之间还有较大的差距，地域差距也非常明显。

3. 科学思维培养的教学策略（见表4）

表4

题号	选项	总体情况		性别		学校所在地		
		人数（人）	比例（%）	男（%）	女（%）	省级（%）	地市（%）	县乡（%）
14	A	74	32.5	35.9	24.7	36.6	31.0	29.3
	B	31	13.6	15.7	8.7	11.0	12.7	17.4
	C	76	33.3	28.3	44.9	37.8	32.4	29.3
	D	47	20.6	20.1	21.7	14.6	23.9	24.0
15	A	15	6.6	8.8	1.5	6.1	8.5	5.3
	B	191	83.7	79.3	94.1	89.0	83.0	78.7
	C	17	7.5	9.4	2.9	3.7	8.5	10.7
	D	5	2.2	2.5	1.5	1.2	0	5.3
16	A	26	11.4	13.8	5.8	12.2	11.3	10.7
	B	65	28.5	27.7	30.4	26.8	31.0	28.0
	C	57	25.0	27.7	18.8	23.2	18.3	33.3
	D	56	24.6	22.0	30.5	24.4	26.7	22.7
	E	22	9.7	8.2	13.0	13.4	9.9	5.3
	F	2	0.8	0.6	1.5	0	2.8	0
21	A	23	10.1	12.0	5.80	8.50	12.7	9.3
	B	74	32.5	34.6	27.5	29.3	29.6	38.7
	C	206	90.4	87.4	97.1	87.8	88.7	94.7
	D	148	64.9	61.6	72.5	61.0	67.6	66.7

续 表

题号	选项	总体情况		性别		学校所在地		
		人数（人）	比例（%）	男（%）	女（%）	省级（%）	地市（%）	县乡（%）
21	E	160	70.2	70.4	69.6	65.9	71.8	73.3
22	A	44	19.3	18.9	20.3	18.3	21.1	18.7
	B	121	53.1	52.8	53.6	37.8	57.8	65.3
	C	107	47.0	47.8	44.9	36.6	43.7	61.3
	D	133	58.3	61.0	52.2	70.2	56.3	46.7
	E	107	47.0	47.8	44.9	48.9	47.9	44.0
	F	15	6.6	5.7	8.7	3.7	4.2	12.0

第 14 题，认为在概念和规律教学中，最有助于培养学生科学思维的环节问题，33.3%的教师表示是概念和规律的得出，32.5%的教师表示是概念和规律的引入，20.6%的教师表示是概念和规律的应用，13.6%的教师表示是概念和规律的掌握。

第 15 题，认为最有助于培养学生科学思维的实验类型问题，83.7%的教师表示是探究类实验，7.5%的教师表示是验证性实验，6.6%的教师表示是测量类实验，2.2%的教师表示是演示实验。对认可探究类实验最有助于培养学生科学思维方面，县乡学校教师的认同度占比比省城学校教师低 10.3%，女教师的认同度比男教师高 14.8%。

第 16 题，认为最有助于培养学生科学思维的习题教学过程问题，28.5%的教师表示是自主解题过程，25.0%的教师表示是反思错题过程，认为是分组讨论过程的教师比例为 24.6%，认为是老师讲解思路过程的教师比例为 11.4%，只有 9.7%的教师表示是帮助同学解答疑问的过程。

第 21 题，认为处理物理概念比较好的教学方式问题，"创设问题情境，逐步引导学生进行科学推理总结概念"方式得到了 90.4% 教师的认同，"在观察和实验的基础上，抽象出物理本质，建立概念"的认同度为 70.2%，"显化科学思维方法，突出概念建构过程"的认同度为 64.9%，"让学生阅读课本上相关知识，再小组讨论总结"的认同度为 32.5%，"直接给出概念，让学生自己理解"的认同度为 10.1%。对于"创设问题情境，逐步引导学生进行科学推理总结概念"方式的认可程度，县乡学校教师的认同度比省城学校与地市学校的教师都要高，女教师的认同度比男教师高。

第22题，在物理实验课上常用的教学方法问题调查中，"教师先讲实验，然后学生做实验，教师进行指导"得到了58.3%的教师认可，"动手演示实验，边做边向学生讲解实验细节，学生几乎不做实验"得到了53.1%的教师认可，"利用多媒体动画演示，只在重点之处向学生强调，学生几乎不做实验"与"引导学生独立设计实验方案，并进行实验探究"均得到了47.0%的教师认可，分别有19.3%、6.6%的教师经常采用"只采取口头讲授实验、内容侧重实验考点""不会去讲实验，让学生自主学习，通过实验练习题理解"的教学方法。县乡学校教师实验课上采用的教学方法更多的是实验演示、多媒体动画演示，而省城学校教师更多的是采用引导学生去做实验的方式。

分析：培养学生科学思维是发展核心素养的重要教学要求，教师应根据物理学科各部分知识内容的特点，确定它们所能培养的科学思维能力，同时选择适当的教学时间、教学手段和教学策略进行落实。"创设问题情境，得出概念""观察实验现象，建立概念""显化思维方法，建构概念"等教学方式得到广大教师的认同，这有利于循序渐进地促进学生科学思维能力的提升。县乡学校的教师对"创设问题情境，得出概念"方式的认同度比省城学校与地市学校都要高，调查结果的倒挂，值得我们去深入思考。绝大多数教师表示探究类实验最有助于培养学生科学思维，但实际教学中能够经常采用引导学生独立设计实验方案，并进行实验探究的教学方法的教师占比不到一半，说明"做实验不如讲实验，讲实验不如背实验"的荒谬做法依然存在，大部分教师更注重实验题在考试中的考点，实验教学对学生科学思维培养的重要性反而被忽视了。习题教学过程中，教师比较注重自主解决问题、反思错题、分组讨论等方式对培养学生科学思维能力的作用，但帮助同学解答疑问、同时自我得到提升的方式没有得到教师的普遍认可。

4. 科学思维培养的影响因素及培养建议（见表5）

表5

题号	选项	总体情况		性别		学校所在地		
		人数（人）	比例（%）	男（%）	女（%）	省级（%）	地市（%）	县乡（%）
17	A	43	18.9	19.5	17.4	22.0	15.5	18.7

题号	选项	总体情况		性别		学校所在地		
		人数（人）	比例（%）	男（%）	女（%）	省级（%）	地市（%）	县乡（%）
17	B	122	53.5	49.7	62.2	50.0	60.6	50.6
	C	42	18.4	20.1	14.5	18.2	12.7	24.0
	D	10	4.4	5.7	1.5	3.7	7.0	2.7
	E	11	4.8	5.0	4.4	6.1	4.2	4.0
23	A	108	47.4	49.7	42.0	36.2	50.7	56.0
	B	163	71.5	72.3	69.6	74.4	70.4	69.3
	C	105	46.1	46.5	44.9	35.3	49.3	54.7
	D	77	33.8	30.2	42.0	32.9	31.0	37.3
	E	150	65.8	61.6	75.4	69.5	64.8	62.7
	F	16	7.0	7.6	5.8	11.0	4.2	5.3
24	A	139	61.0	61.6	59.4	59.8	59.2	64.0
	B	124	54.4	52.8	58.0	42.7	56.3	65.3
	C	129	56.6	51.6	68.1	43.9	59.1	68.0
	D	163	71.5	68.6	78.3	67.1	76.1	72.0
	E	130	57.0	52.8	66.7	51.2	57.8	62.7
	F	12	5.3	6.9	1.5	8.5	2.8	4.0
25	A	183	80.3	81.1	78.3	81.7	78.9	80.0
	B	166	72.8	69.8	79.7	70.2	74.7	73.3
	C	159	69.7	66.7	76.8	72.0	69.0	68.0
	D	173	75.9	73.0	82.6	72.0	78.9	77.3
	E	138	60.5	57.9	66.7	65.9	63.4	52.0
	F	9	4.0	5.0	1.5	6.1	1.4	4.0

第 17 题，对学生的科学思维素养进行评价途径问题，53.5% 的教师表示是学生的课堂表现，18.4% 的教师表示是考试成绩，4.4% 的教师表示是课后作业情况，4.8% 的教师表示不知道如何评价。对主要通过课堂中的表现来对学生的

科学思维素养进行评价的认可程度，地市学校教师的认同度占比略高，女教师的认同度比男教师高。

第 23 题，培养科学思维素养的困难来源问题，有 71.5% 的教师认为是由于升学压力大，65.8% 的教师认为是课时限制，47.4 的教师认为是受到传统教学方式影响，46.1% 的教师认为是缺少相关理论及策略指导，33.8% 的教师认为是课堂管理难度大。县乡学校的教师表示受传统教学影响及缺少相关理论指导的比例比省城学校教师的比例均高出 19.4%。

第 24 题，对于教师自身素质需要提高的方面，71.5% 的教师表示在课程资源的开发能力方面还需提高，61.0% 的教师表示在相关的理论知识方面还需提高，在课堂教学能力、现代教学手段、教育教学研究能力方面大致都有 55% 左右的教师表示还需提高。县乡学校的教师表示在课堂教学能力、现代教学手段、教育教学研究能力方面需提高的比例明显比省城学校教师高，女教师表示在现代教学手段、教育教学研究能力方面需提高的需求比男教师强烈。

第 25 题，对于培养学生的科学思维素养建议方面，80.3% 的教师赞同在课堂上进行问题情境创设的方式，75.9% 的教师赞同鼓励学生对知识内容进行剖析并通过试讲方式表达对问题看法的方式，72.8% 的教师赞同教师适时组织学生进行集体或小组讨论探究的方式，69.7 的教师赞同课堂中预留时间让学生自主解决问题的方式，60.5% 的教师赞同实验教学鼓励学生多动手操作的方式。女教师对教师适时组织学生进行集体或小组讨论探究，课堂中预留时间让学生自主解决问题，鼓励学生通过试讲方式表达对问题看法等方式的认可度比男教师高，省城学校教师对实验教学鼓励学生多动手操作的方式认可度的占比比县乡学校教师要高。

分析：通过调查了解到，教师在实际教学中缺乏系统评价学生科学思维的方法，几乎所有的教师都是通过作业、成绩、平时表现等方式来评价学生的科学思维能力，这些评价手段比较片面，其结果难以精确且全面地反映学生真实的思维水平。

教学中培养学生科学思维素养的困难主要是升学压力大、课时限制、传统教学影响及缺少相关理论等。对于缺少相关理论指导的困难方面，县乡学校教师显得更为迫切，很大部分教师都知道科学思维培养的重要性，但是因为缺乏系统的培训，没有明确的指导，不清楚如何去进行思维能力培养，今后需加强对县乡学校教师的培训工作。课程资源的开发能力、教育教学理论知识、课堂教学能力、现代教学手段、教育教学研究能力等方面的提升是当前教师所需要的，希望相关部门在开展教师培训时予以关注。课堂上创设问题情境、鼓励学生试讲、组织学生探究、让学生自主解决问题、鼓励学生多动手等方法和建议得到教师的普遍认同，为物理核心素养的落地，科学思维培养的开展打下了良好基础。

五、调查结论与建议

1. 调查结论

（1）教师对新课标学习的重要性认识不够，学习不够深入。教师是知识传播者，更是灵魂的塑造者，教师在学生的学习和成长过程中发挥着其他人无法替代的作用。要落实面向全体学生、提升学生科学素养的教育理念，就必须提高教师对新课程标准的认知水平和解读能力。调查发现，虽然绝大部分教师都明白培养学生科学思维的重要性，但是大部分教师对核心素养和科学思维的认知程度仍然非常浅显，对科学思维的概念和内涵理解不够深刻，不能正确区分科学思维的内容和科学思维的方法。由于升学压力等方面的原因，实际教学中科学思维培养没有得到很好的落实，特别是在县乡学校中表现更为明显；很多教师只重视学生知识能力的培养，弱化了学生的学科素养教育，对学生的科学思维能力培养长期处于低水平状态。

（2）教师缺乏科学思维培养理论与策略的指导。调查发现，由于教师平时教学任务重、教学压力大、对新的教学理念认识不够、学校对教师的培养存在不足等原因，导致在科学思维培养教学实施中，教师常常心有余而力不足，无从下手。这需要加强对教师的新教学理论的培训和落实行之有效的教学策略指导，强化教学理论、学习理论向教育实践转化，落实对学生的科学思维的有效培养，促进学生的全面发展。

（3）对教材内容挖掘力度不足，科学思维培养形式单一。调查数据显示，大多数教师在教学过程中存在培养方法单一、课前准备不充分、教材挖掘力度不够、教学内容与科学思维培养整合不足等问题。学生的科学思维培养是让学生通过学习获得运用科学思维方法去认识事物、解决实际问题的思维习惯、能力和品质。培养学生的思维能力要注意将科学思维培养与物理知识内容进行有效整合，要创设思维培养的活动，营造良好的思维情境，指导学生怎样去思考，让学生掌握科学思维的方法与策略。

2. 建议

（1）加强对教师的培训，强调培训的针对性。终身学习是教育者必备的职业素质，而高素质的教师队伍是贯彻教育理念的保证。相关部门要加大对教育的投资力度，优化教学资源配置，促进城乡教育均衡发展；以专家面对面培训和线上直播培训为主要方式，打造特色培训平台，开发高质量课程资源，促进教师的自身发展。教师群体组建实践共同体，以此平台开展培训活动，驱动教师深入学习，建设实践共同体资源，资源共享，帮助教师提升对核心素养和科学思维的认知。使教师跟上时代的步伐，抛弃传统守旧的教育观念，更新自己的教育教学理念，基于学情，深入研究，找到促进学生科学思维能力提升的教学方法。

（2）将科学思维培养与新高考融合，采用多元评价方式。社会对"考试分数重要，还是知识、能力、素养重要"问题的争论激烈，新高考改革就是力求校准评价与知识、能力、素养的关联度，达成教、学、评一致性的目的。近年来的高考物理试题，充分发挥高考命题的积极导向作用，引导教学从"解题"向"解决问题"方面的转变。思维总是体现在一定的活动过程中，问题的解决活动往往伴随着科学思维过程。教师应结合高考物理试题命题方向，研究试题对科学思维的考查形式，将研究心得与教学融合，并不断研发原创试题，提高学生科学思维能力。同时，教师在进行教学评价时也不应以成绩作为唯一标准，应根据不同的教学内容，综合考虑评价对象、教学内容和教学现场等实际情况，进行定性评价与定量评价相结合、自评与他评相结合，实现评价方法的多样化、评价主体的多元化。

（3）挖掘教材内容着力点，提高对学生思维培养的实效性。教师需要依据课程标准确定物理教学需要培养的科学思维能力指标；根据力、热、电、光、原子等各模块知识内容的特点，确定它们所能承载的科学思维能力培养方面；分析教材，找出教材中能够体现科学思维的教学内容；选择适当的教学手段和教学策略，通过小组合作、师生互动、引导学生自主探究等方式，将科学思维培养融入物理知识的教学过程，让学生在掌握知识的同时，科学思维水平也得到一定程度的培养与提升。

参考文献

［1］中华人民共和国教育部. 普通高中物理课程标准（2017 年版）［M］. 北京：人民教育出版社，2018.

［2］廖伯琴. 普通高中物理课程标准（2017 年版）解读［M］. 北京：高等教育出版社，2018.

［3］教育部考试中心. 中国高考评价体系［M］. 北京：人民教育出版社，2019.

附：高中物理教学中科学思维培养情况调查问卷

一、基本信息

1. 性别：（　　　）

A. 男　　　　　　　　　B. 女

2. 您的教龄：（　　　）

A. 0～5 年　　　　　　B. 6～10 年　　　　　　C. 11～15 年

D. 16～20 年　　　　　E. 20 年以上

3. 您目前所任教的年级：（　　　）

A. 高一　　　　　　　　B. 高二　　　　　　　　C. 高三

4. 您的学校所在地：（　　　）

A. 省级市　　　　　　　B. 地级市　　　　　　　C. 县城或乡镇

5. 您的职称：（　　　）

A. 正高级　　　　　　　　　　　　　B. 高级

C. 中学一级　　　　　　　　　　　　D. 中学二级等

二、调查内容

6. 您学习《普通高中物理课程标准（2017 年版）》的情况如何？（　　　）

A. 一直　　　　　　　B. 经常　　　　　　C. 偶尔

D. 几乎没有　　　　　E. 完全没有

7. 您认为在高中物理教学中有必要关注学生的科学思维培养吗？（　　　）

A. 非常必要　　　　　B. 必要　　　　　　C. 一般

D. 不必要　　　　　　E. 非常不必要

8. 依据您的判断，您认为您所在班级学生的科学思维能力如何？（　　　）

A. 很好　　　　　　B. 比较好　　　　　　C. 一般

D. 比较不好　　　　E. 不好

9. 您认为您的实际教学对学生科学思维的培养进行到了哪个层次？（　　　）

A. 已经开始有计划、有目的地培养学生的科学思维

B. 开始摸索培养学生的科学思维

C. 想过，但不知如何下手

D. 从来没有想过

10. 在新授课教学设计中，您是否会主动挖掘与科学思维有关的教学内容？（　　　）

A. 一直都会　　　　B. 经常会　　　　　　C. 有时会

D. 很少会　　　　　E. 从来不会

11. 在讲解物理问题时，您是否会有意识地引导学生自主建立物理模型？（　　　）

A. 一直都会　　　　B. 经常会　　　　　　C. 有时会

D. 很少会　　　　　E. 从来不会

12. 在学生运用所学物理知识去分析和解决问题时，您是否会让学生自行进行科学推理与论证？（　　　）

A. 一直都会　　　　B. 经常会　　　　　　C. 有时会

D. 很少会　　　　　E. 从来不会

13. 在教学中，您是否会引导学生对您讲授的内容或书本知识提出质疑？（　　　）

A. 一直都会　　　　B. 经常会　　　　　　C. 有时会

D. 很少会　　　　　E. 从来不会

14. 您认为概念和规律教学中，哪个环节最有助于培养学生科学思维？（　　　）

A. 概念和规律的引入　　　　　　　B. 概念和规律的掌握

C. 概念与规律的得出　　　　　　　D. 概念和规律的应用

15. 您认为下列哪类实验最有助于培养学生科学思维？（　　　）

A. 测量类实验　　　　　　　　　　B. 探究类实验

C. 验证性实验　　　　　　　　　　D. 演示实验

16. 您认为习题教学中，哪个过程最有助于培养学生科学思维？（　　）

A. 老师讲解思路过程　　　　　　　　B. 自主解题过程

C. 反思错题过程　　　　　　　　　　D. 分组讨论过程

E. 帮助同学解答疑问过程　　　　　　F. 其他

17. 您平时主要通过哪个方面对学生的科学思维素养进行评价？（　　）

A. 考试成绩　　　　　B. 课堂表现　　　　　C. 课后作业情况

D. 其他　　　　　　　E. 不知道如何评价

18. 您认为"物理学科核心素养"包括以下哪几个要素？（　　）【多选题】

A. 科学探究　　　　　B. 物理观念　　　　　C. 科学态度

D. 科学推理　　　　　E. 科学思维　　　　　F. 科学价值观

G. 质疑创新　　　　　H. 科学态度与责任

19. 您认为物理学科的"科学思维"包括以下哪几个要素？（　　）【多选题】

A. 模型建构　　　　　B. 科学论证　　　　　C. 归纳演绎

D. 科学批判　　　　　E. 逻辑推理　　　　　F. 分析综合

G. 科学推理　　　　　H. 质疑创新

20. 您通过哪些途径了解科学思维的概念和相关培养策略？（　　）【多选题】

A. 网络搜索　　　　　B. 教育期刊　　　　　C. 教研活动

D. 教辅用书　　　　　E. 其他途径　　　　　F. 没有专门了解过

21. 在讲述物理概念时，您觉得下列哪种教学处理方式较好？（　　）【多选题】

A. 直接给出概念，让学生自己理解

B. 让学生阅读课本上相关知识，再由小组讨论总结

C. 创设问题情境，逐步引导学生进行科学推理总结概念

D. 显化科学思维方法，突出概念建构过程

E. 在观察和实验的基础上，抽象出物理本质，建立概念

22. 您在物理实验课上最常用的教学方法是？（　　）【多选题】

A. 只采取口头讲授实验、内容侧重实验考点

B. 动手演示实验，边做边向学生讲解实验细节，学生几乎不做实验

C. 利用多媒体动画演示，只在重点之处向学生强调，学生几乎不做实验

D. 教师先讲实验，然后学生做实验，教师进行指导

E. 引导学生独立设计实验方案，并进行实验探究

F. 不会去讲实验，让学生自主学习，通过实验练习题理解

23. 您认为在高中物理教学中培养科学思维素养的主要困难是什么？
（　　）【多选题】

A. 传统教学方式影响　　　　　　　B. 升学压力大

C. 缺少相关理论及策略指导　　　　D. 课堂管理难度大

E. 课时限制　　　　　　　　　　　F. 其他

24. 您认为在对学生科学思维培养方面自己还需要提高的方面是什么？
（　　）【多选题】

A. 相关的理论知识　　　　　　　　B. 课堂教学能力

C. 现代教学手段　　　　　　　　　D. 课程资源的开发能力

E. 教育教学研究能力　　　　　　　F. 其他

25. 关于培养学生的科学思维素养，您有哪些建议？【多选、填空题】

A. 教师在课堂上进行问题情境创设

B. 教师适时组织学生进行集体或小组讨论探究

C. 课堂中预留时间让学生自主解决问题

D. 鼓励学生对知识内容进行剖析，通过试讲方式表达对问题的看法

E. 实验教学中，鼓励学生多动手操作

F. 其他

智能时代高中生物理科学思维培养过程的探究

——以"应用 Algodoo 软件探究匀变速直线运动的位移与时间关系"为例

高中物理学科教学过程中，要培养学生建构自然界的物理图景的能力，引导学生进行科学探究，体验科学研究方法，养成良好的科学思维习惯，同时增强学生的创新意识和实践能力。而在智能时代，信息技术丰富了课堂教学内容和形式，能将生活中生动有趣的物理现象"搬"到课堂上，可以很好地帮助学生构建关于自然界的物理图景，激发学生的好奇心，引导学生进一步探究和创新，让学生在探究过程中逐步养成科学思维，同时借助信息技术进行创新实践活动，将学习内容扩大化。智能时代信息技术的发展，给高中物理教学过程中学生科学思维的培养带来了新的变化。本文以"应用 Algodoo 软件探究匀变速直线运动位移与时间的关系"为例，探究智能时代背景下高中生物理科学思维培养过程。

一、依据科学思维要素或能力要求，优化教学设计思路

《普通高中物理课程标准（2017 年版 2020 年修订）》提到物理学科核心素养中的科学思维主要包括模型建构、科学推理、科学论证和质疑创新等要素。2003 年胡卫平教授等人从方法、品质、内容三个维度出发，说明科学思维能力是由多种元素组成的，包括科学现象、科学概念、科学规律、科学推理、抽象概括、批判性、敏捷性等，各元素之间又相互联系，形成科学思维能力结构。结合科学思维要素和能力结构，拟定探究思路。笔者依上述要素和能力结构，设计了"探究匀变速直线运动位移与时间关系"教学过程，具体教学设计思路如图 1 所示。

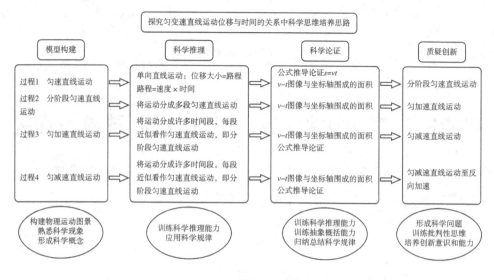

图1

二、结合教学设计思路，借助信息技术优化教学过程

由教学设计思路可以知道，在模型构建时，可寻求信息技术的有力支持，构建丰富的匀变速直线运动物理图景。同时，将依托信息技术平台快速得出的实验数据，与理论推导结果进行对比论证。可以让学生充分体验科学探究过程并形成有效、系统的科学研究方法，同时能引导学生积极质疑创新，提升学生的动手实践能力，符合高中物理科学思维的培养要求。

三、以"应用 Algodoo 软件探究匀变速直线运动位移与时间的关系"为例，论证设计的培养过程的可操作性

下面以运用 Algodoo 软件再现物理运动图景，呈现物理现象，培养学生的物理观念，同时让学生自主搭建模型，借助软件论证结论，具体过程如下：

（1）将小物块在固定的光滑长木板上做匀速直线运动的模型如图 2 所示，师生共同在 Algodoo 软件上创建物块（物体）匀速运动的模型，并仿真运动，感知物体匀速运动过程。进一步改变物体运动速度，使物体做分阶段匀速直线运动。通过师生交流互动和学生亲自动手构建物理运动模型，形成图例运动图景，帮助学生了解物理现象和物理概念。

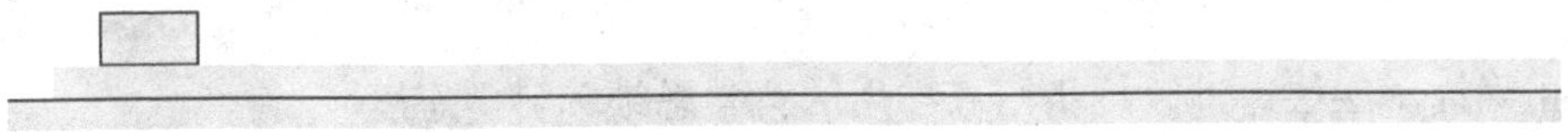

图2

（2）在 Algodoo 软件上直线显示以上两种运动的 $v-t$ 图像，匀速直线运动和分阶段匀速直线运动 $v-t$ 的图像如图3所示，图3（甲）中直线①为匀速直线运动 $v-t$ 的图像，图线②为分阶段匀速直线运动 $v-t$ 图像。引导学生从已有的初中路程与时间的关系和单向直线运动位移大小与路程等科学理论，推导匀速直线运动某小段运动时间内位移与时间的关系，进一步推导分阶段匀速直线运动位移与时间的关系，同时论证物体匀速直线运动 $v-t$ 图像与坐标轴围成的面积可以表示物体位移大小，并将推论结果与仿真结果比较论证，如图3（乙）所示。通过引导学生循序渐进自主探究，帮助学生形成高效、严谨的科学推理和论证，进一步论证了科学规律，掌握科学规律，并且使学生感知了知识的系统性和延续性。

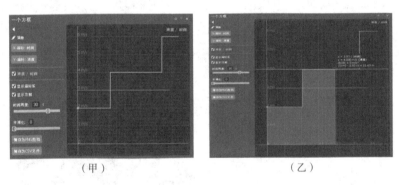

（甲）　　　　　　（乙）

图3

（3）教师结合知识递进关系和生活中的物理现象，进一步引导学生探究匀加/减速直线运动的位移与时间关系。

引导学生搭建匀加/减速直线运动模型，匀变速直线运动物理图景和 $v-t$ 图像如图4所示。如图4（甲）所示，结合分阶段匀速直线运动，将匀变速直线运动 $v-t$ 图像分成若干个时间段，如图4（乙）和（丙），每个时间段内的运动都近似看作匀速直线运动（时间段分得越细，运动越接近匀速直线运动），将各阶段位移累加后求得物体的总位移。从而进一步论证由 $v-t$ 图像与坐标轴围成的图形面积即可表示物体位移大小，并结合面积计算公式推理匀加/减速直线运动的位移与时间的关系。通过探究常规模型实践，将进一步论证探究结论的正确性。层层递进，逐步培养学生的科学思维和科学态度。

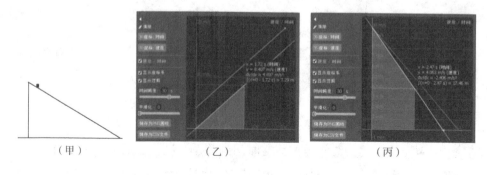

图 4

（4）教师运用已掌握的模型建构能力和理论推导思维，对物理模型和结论提出质疑和创新。

匀变速直线运动物理图景和 $v-t$ 图像如图 5 所示，借助 Algodoo 软件模拟物体在水平面上一段时间内依次做匀加速、匀速和匀减速直线运动模型，并得出其运动过程的 $v-t$ 图像，如图 4 所示，同时运用匀变速直线运动位移与时间的关系的结论进行应用计算和检验；构建实际应用情景，物体的运动过程，使其更加贴近生活实际。通过拓展应用和论证，增强了学生的创新意识和实践能力，使其形成科学态度、科学世界观等。

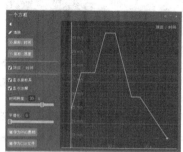

图 5

四、小结

智能时代背景下，教师采用 Algodoo 软件，构建了丰富的匀变速直线模型，及时有效地呈现了物理图景并立即形成 $v-t$ 图像，为理论推导提供了有力的支

撑。同时引导学生结合生活实际创建物理模型，拓展应用，整个教学过程井井
有条，由浅入深，由简到繁，可以充分调动学生参与的积极性，使其主动进行
科学探究，发现科学问题，解决科学问题，让学生形成较为系统的探究匀变速
直线运动位移与时间关系的科学思维和方法，同时，也培育了学生严谨的科学
态度和科学责任意识。借助信息技术资源平台培养高中学生物理科学思维过程
是可操作的，也是有实际价值的。

（广东梅县东山中学　熊　亮）

基于科学思维评价的高考物理试题分析与教学策略

——以广东2022年选择性考试物理试题为例

高考承载着选拔和评价功能，是实现立德树人的重要载体和素质教育的关键环节。科学思维是物理学科核心素养的主要组成部分，是落实立德树人、反映物理学科特色和育人价值的重要内容，是学生通过学习而逐渐发展的一种关键能力；因而，科学思维成为高考中考查的重点。高考试题通过问题情境对学生的科学思维方式、思维深度等方面加以考查，体现了物理学科在发展学生核心素养中的特殊育人价值。

科学思维是指采用严谨求真、实证性的逻辑思维方式应对各种问题，能够根据对问题情境的分析，运用实证数据分析事物的内部结构和问题的内在联系，以抽象的概念来反映客观事物的本质特征和内在联系。主要包括模型建构、科学推理、科学论证、质疑创新等要素。学业质量水平对学生学习物理课程后应表现出的科学思维素养水平程度，作出水平等级划分，如表1所示。

表1

	模型建构	科学推理	科学论证	质疑创新
水平1	能说出一些简单的物理模型	能对常见的物理现象进行简单分析	能区别观点和证据	知道质疑和创新的重要性
水平2	能在熟悉的问题情境中应用常见的物理模型	能对比较简单的物理现象进行分析和推理，获得结论	能运用简单和直接的证据表达自己的观点	具有质疑和创新的意识

	物理模型	科学推理	科学论证	质疑创新
水平 3	能在熟悉的问题情境中根据需要选用恰当模型解决简单的物理问题	能对常见的物理现象进行分析和推理，获得结论并作出解释	能恰当使用证据表达自己的观点	能对已有的观点提出质疑，从不同的角度思考物理问题
水平 4	能将实际问题中的对象和过程转换成物理模型	能对综合性物理问题进行分析和推理，获得结论并作出解释	能恰当使用证据证明物理结论	能对已有结论提出有依据的质疑，采用不同方式分析解决物理问题
水平 5	能将较复杂的实际问题中的对象和过程转换成物理模型	能在新的情境中对综合性物理问题进行分析和推理，获得正确结论并作出解释	能考虑证据的可靠性，合理使用证据	能从多个视角审视检阅结论，解决物理问题具有一定的新颖性

高中物理学业质量水平分为 5 级，学业质量水平 2 是学业水平合格性考试的命题依据，学业质量水平 4 是高等院校招生录取的学业水平等级性考试的命题依据。

一、基于科学思维素养的 2022 年广东选择性考试物理试题分析

1. 试卷结构分析

2022 年广东选择性考试物理试卷总分 100 分，考试时间 75 分钟，题型包含单项选择题、多项选择题、填空题、实验题和计算题 5 种类型。对广东选择性考试物理试卷结构的具体分析如表 2 所示。

表 2

题号	1～7	8～10	11～12	13～14	15～16（选考）	
					（1）	（2）
题型	单选题	多选题	实验题	计算题	填空题	计算题
分值	每小题 4 分，共 28 分	每小题 6 分，共 18 分	分别为 7 分、9 分，共 16 分	分别为 11 分、15 分，共 26 分	6 分	6 分

2. 试卷科学思维考查情况分析

笔者从试题情境、科学思维描述、科学思维要素、水平等级等方面，对 2022 年广东选择性考试物理试题内容进行了分析，如表 3 所示。

表 3

题号	题型	分值	情境	科学思维描述	科学思维要素	水平等级
1	单选题	4	制作豆腐的石磨	选用共点力平衡模型，分析节点受力情况	模型建构	1
2		4	"祝融号"火星车冬季"休眠"	运用万有引力定律进行推理，得出结论	科学推理	2
3		4	滑雪运动员沿斜坡滑下	建构匀变速直线运动、平抛运动模型；运用牛顿第二定律、平抛运动分析运动员运动情况	模型建构 科学推理	3 3
4		4	旋转磁极式发电机	建立交流发电机模型；分析交变电流	模型建构 科学推理	3 2
5		4	氢原子跃迁	根据玻尔理论对吸收光子进行预测，作出解释	科学论证	3
6		4	玩具弹射击积木	利用平抛运动模型；运用运动合成与分解知识分析玩具弹与积木运动情况	模型建构 科学推理	2 3
7		4	质子在磁场中运动	建立匀速圆周运动模型；利用曲线运动特点，应用对称思维分析和推理得出粒子运动轨迹	模型建构 科学推理	3 3
8	多选题	6	磁控管	运用静电场知识推理得出结论	科学推理	2
9		6	无人驾驶小车	建立机车启动模型；利用功和功率、功能关系等知识分析和推理得出结论	模型建构 科学推理	3 3
10		6	恒定电流的长直导线磁场	运用通电直导线周围磁场、电磁感应等知识分析和推理得出结论	科学推理	4

题号	题型	分值	情境	科学思维描述	科学思维要素	水平等级
11		7	测量小球机械能损失	运用运动学、机械能守恒等知识分析和推理得出结论；对实验误差进行预测，作出解释	科学推理 科学论证	3 2
12	实验题	9	测量导电绳电阻与绳长间的关系	运用电路知识、电学实验原理等知识分析和推理得出结论；对于电表内阻对实验影响进行判断	科学推理 科学论证	3 3
13		11	自动雨伞开伞过程	建立匀减速直线运动、碰撞模型；运用牛顿运动定律、动量守恒、动能定理等知识分析和推理，得出结论	模型建构 科学推理	3 3
14	计算题	15	密立根油滴实验	建立匀变速直线运动、碰撞模型；运用牛顿运动定律、匀强电场、动量守恒等知识分析和推理，得出结论；对油滴电性进行预测，作出解释	模型建构 科学推理 科学论证	3 4 3
15 (1)	选修 3-3	6	空调工作	运用热力学定律推理得出结论	科学推理	2
15 (2)		6	测量水深简易装置	运用玻意耳定律和压强知识推理得出结论	科学推理	2
16 (1)	选修 3-4	6	绳波传播	运用机械波传播方面知识得出结论	科学推理	1
16 (2)		6	全反射演示实验	运用全反射知识推理得出结论	科学推理	1

分析：

（1）试卷重视对学生科学思维素养的考查。科学思维试题涵盖全卷，且部分试题并非只考查一个要素，有时会同时考查两个要素，甚至是三个要素。从对应考查的思维水平来看，若将水平1、水平2的考题视为容易题，水平3的考题视为中档题，水平4的考题视为难题，则易、中、难分值的比例约为3∶5∶2。

（2）试卷对科学推理要素的考查最多，分值占比超过90%；其次是模型建构要素，分值占比为52.0%；科学论证要素分值占比仅为35.0%；部分试题渗透质疑创新意识，但没有出现直接对质疑创新要素进行考查的试题。原因是质疑创新要素要求学生能够对物理结论提出质疑，能够从不同角度分析问题并能创造性地解决问题；但高考命题要保证试题的科学性、准确性、公平性，需要提供统一的评价标准，否则试题开放程度把握不好，容易引起评分争议。

二、2022 年广东选择性考试物理试卷科学思维素养考查特点

1. 设置实际问题情境，考查模型与建构

物理模型是对实际问题进行科学抽象化处理，抓住主要因素，忽略次要因素，得到能够反映事物本质特性的理想物质（过程）或假想结构，包括物质模型、状态模型、过程模型。高考物理试题通常以日常生活、生产或现代科技为背景创设问题情境，要求学生根据问题情境进行抽象和概括，构建能反映事物本质特征的方便研究的物理模型。

例1：图1是滑雪道的示意图。可视为质点的运动员从斜坡上的 M 点由静止自由滑下，经过水平 NP 段后飞入空中，在 Q 点落地。不计运动员经过 N 点的机械能损失，不计摩擦力和空气阻力，下列能表示该过程运动员速度大小 v 或加速度大小 a 随时间 t 变化的图像是（　　）。

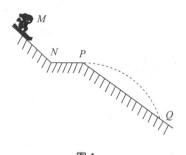

图 1

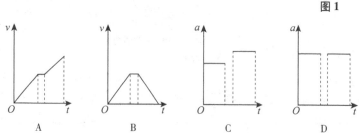

A　　　　B　　　　C　　　　D

【答案】C

本题以跳台滑雪项目运动为情境进行命题，引导学生热爱体育运动，培养

学生参加体育锻炼的意识。试题考查学生对基础物理概念及物理规律的理解，在科学思维方面主要考查学生的模型建构能力，即在不计运动员经过 N 点的机械能损失、不计摩擦力和空气阻力的情况下，要求考生能够建构模型得到运动员在 MN 段做加速度为 $g\sin\theta$ 的匀变速直线运动模型，NP 段为匀速直线运动模型，PQ 段为平抛运动模型。试题结合图像考查运动物理量速度大小 v 与加速度大小 a 随时间 t 变化关系，设问方式创新，难度中等。

2. 依据问题提出方案，考查质疑与创新

质疑是提出疑问，创新是指以现有的思维模式提出不同于常规或常人的思路和见解，并能获得一定有益效果的行为。高考物理试题虽然没有对质疑创新要素进行直接的、显性的考查，但很多试题都渗透了质疑创新要素内容和意识，隐性考查学生在解决问题时思维的灵活性、批判性及独创性等思维品质。

例 2：弹性导电绳逐步成为智能控制系统中部分传感器的敏感元件，某同学测量弹性导电绳的电阻与拉伸后绳长之间的关系，实验过程如下：

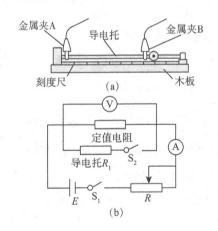
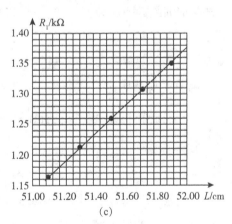

图 2

（1）装置安装和电路连接。如图 2（a）所示，导电绳的一端固定，另一端作为拉伸端，两端分别用带有金属夹 A、B 的导线接入如图 2（b）所示的电路中。

（2）导电绳拉伸后的长度 L 及其电阻 R_x 的测量。

① 将导电绳拉伸后，用刻度尺测量并记录 A、B 间的距离，即为导电绳拉伸后的长度 L。

② 将滑动变阻器 R 的滑片滑到最右端。断开开关 S_2，闭合开关 S_1，调节

R，使电压表和电流表的指针偏转到合适位置。记录两表的示数 U 和 I_1。

③ 闭合 S_2，电压表的示数_____（选填"变大"或"变小"）。调节 R 使电压表的示数仍为 U，记录电流表的示数 I_2，则此时导电绳的电阻 $R_x =$ _____（用 I_1、I_2 和 U 表示）。

④ 断开 S_1，增大导电绳拉伸量，测量并记录 A、B 间的距离，重复步骤②和③。

（3）该电压表内阻对导电绳电阻的测量值_____（选填"有"或"无"）影响。

（4）图 2（c）是根据部分实验数据描绘的 R_x—L 图线。将该导电绳两端固定在某种机械臂上，当机械臂弯曲时，测得导电绳的电阻 R_x 为 1.33kΩ，则由图线可读出导电绳拉伸后的长度为_____ cm，即为机械臂弯曲后的长度。

【答案】（2）③变小，$\dfrac{U}{I_2 - I_1}$；（3）无；（4）51.80。

试题依据测量弹性导电绳的电阻与拉伸后绳长之间的关系问题，设计电阻测量方案。用伏安法测电阻，无论是电流表内接法还是电流表外接法，都存在系统误差。试题创新之处在于以伏安法为基础，用实质考查替代思维。即未闭合 S_2，调节 R 使电压表和电流表的示数为 U 和 I_1，则定值电阻和电压表的总电阻为 $\dfrac{U}{I}$；可把定值电阻和电压表看成是一个整体，是一个已知内阻的等效电压表，再去测量弹性导电绳的电阻，从而达到消除系统误差的目的。试题设置了实验的原理、误差的分析等内容，考查了学生的推理能力、创新能力。另外第（4）问的解决需要考生利用实验曲线求解，体现了实验和实践相结合的思想。

3. 通过解决实际问题，考查推理与论证

科学推理是由一个或几个已知的判断，推导出一个未知结论的思维过程，通常的推理方式有归纳推理、演绎推理和类比推理。科学论证是从证据出发，通过推理达到支持主张的过程，科学论证主要要素是证据和主张。高考物理问题解决的过程，就是根据试题提供的真实情境提炼出实际问题，并从中获取有效信息，结合相应的物理知识找到问题解决的途径，经过推理、分析、论证、综合等一系列操作，达到解决问题的过程。

例3：密立根通过观测油滴的运动规律证明了电荷的量子性，因此获得了1923 年的诺贝尔物理学奖。图3 是密立根油滴实验的原理示意图，两个水平放置、相距为 d 的足够大的金属极板，上极板中央有一小孔。通过小孔喷入一些小油滴，由于碰撞或摩擦，部分油滴带上了电荷。有两个质量均为 m_0、位于同一竖直线上的球形小油滴 A 和 B，在时间 t 内都匀速下落了距离 h_1。此时给两极板加上电压 U（上极板接正极），A 继续以原速度下落，B 经过一段时间后向上匀速运动。B 在匀速运动时间 t 内上升了距离 h_2（$h_1 \neq h_2$），随后与 A 合并，形成一个球形新油滴，继续在两极板间运动直至匀速。已知球形油滴受到的空气阻力大小为 $f = km\dfrac{1}{3}v$，其中 k 为比例系数，m 为油滴质量，v 为油滴运动速率，不计空气浮力，重力加速度为 g。求：

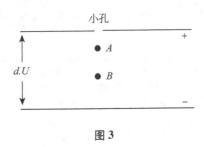

图 3

（1）比例系数 k；

（2）油滴 A、B 的带电量和电性；B 上升距离 h_2 电势能的变化量；

（3）新油滴匀速运动的速度大小和方向。

【答案】　（1）$\sin\theta$；　（2）油滴 A 不带电，油滴 B 带负电，电荷量为

$\dfrac{mgd\,(h_1 + h_2)}{h_1 U}$，　$-\dfrac{mgh_2\,(h_1 + h_2)}{h_1}$；　（3）若 $F > 2mg$，$v = \dfrac{h_2 - h_1}{\sqrt[3]{2t}}$，方向向上；

若 $F < 2mg$，$v = \dfrac{h_1 - h_2}{\sqrt[3]{2t}}$，方向向下。

　　本题以密立根油滴实验为情境进行命题，考查学生带电粒子在电场和重力场组成的复合场中的运动问题，考查学生受力分析、匀速直线运动、动量守恒定律等知识，要求考生通过推理与论证，得出油滴 A、B 的带电量和电性，得到新油滴匀速运动的速度大小和方向。试题计算量较大，分析步骤较多，同时需要学生在答题过程中进行一定的分类讨论，对于学生的分析计算与解题步骤的严谨性有较高要求。

三、科学思维培养策略

1. 大概念教学促进科学思维培养

《普通高中物理课程标准（2017年版）》提出：重视以学科大概念为核心，使课程内容结构化，以主题为引领，使课程内容情境化，促进学科核心素养的落实。大单元、大概念教学设计能够架起连接学科知识与核心素养的桥梁，为科学思维的培养指明了方向。教师要从教材出发，整体审视单元教学的资源与内容，明确单元中包含的大概念，对大概念统摄下的知识逻辑与思维方法进行分析，规划和设计教学策略、教学活动，帮助学生建构知识层级结构，促进学生科学思维能力的发展。"牛顿运动定律"大单元教学设计如表4所示。

表4

大单元	大概念	大任务	活动设计	思维培养目标
牛顿运动定律	力是改变物体运动状态的原因	力与运动定性的关系是什么	课题研究：小轿车安全系统设计研究	科学论证、质疑（理想实验）
		力与运动定量的关系是什么	实验探究：加速度与力、质量的关系	科学推理、科学论证（控制变量法）
		力的相互作用如何	课题研究：提高小轿车舒适度设计研究	科学推理（归纳演绎）
		牛顿经典力学的适用范围是什么	课题研究：物体速度能一直增大吗	质疑

2. 融入教学内容落实科学思维培养

科学思维能力是在知识的学习活动中形成和发展起来的，因此其培养也必须贯穿在物理知识内容的学习过程中。针对某一物理概念、规律的学习，可以培养学生不同方面的科学思维能力；反之，学生同一方面的科学思维能力培养，又可以由不同的物理知识学习活动来完成。因此在物理教学实施过程中，必须将对学生科学思维的培养纳入教学目标，制订有效的培养规划，让学生在理解和掌握知识内容的同时，使其科学思维能力得到发展与提升。"自由落体运动"教学设计如表5所示。

表5

教学内容	科学思维培养
自由落体运动概念	模型建构
伽利略对自由落体运动的研究	质疑、科学推理
自由落体运动是匀变速直线运动	科学论证
测量重力加速度	创新（发散思维）
小实验：测定反应的快慢	创新（应用）

3. 利用物理学史提升科学思维水平

物理学史描述了物理概念、定律、理论和研究方法的发生、发展的脉络，揭示了人们思考和解决物理问题的一些特有的思维方式和探究历程。因此，学习物理学史是发展科学思维的一种重要手段。高中物理教材中的科学史蕴含着非常丰富的关于科学思维形成的案例，这些案例可以和物理学知识很好地整合，对学生科学思维能力的发展有很大帮助。如汤姆森发现电子，否定了道尔顿的"实心球模型"，提出"西瓜模型"；卢瑟福完成 α 粒子散射实验，否认了"西瓜模型"，提出"行星模型"；为解释氢原子线状光谱事实，玻尔在行星模型的基础上提出了"玻尔模型"；这些是高层次质疑行为非常好的教育素材。牛顿从地球绕太阳运动推导出万有引力定律，呈现了科学求证的思想；将苹果落地是由于受到地球引力这一思想延伸到月球上，体现了科学创新思维。奥斯特发现电能生磁后，法拉第利用对称性联想到了磁能生电，并经过十年的探索终于发现了电磁感应现象。法拉第用类比思维从磁力线提出了电力线，后来又提出了场的概念，成为电磁场理论的基本出发点。

4. 通过实验探究引导科学思维创新

实验探究是物理教学的重要基础，是物理教学的重要内容、方法和手段。实验探究在实验设计、实验实施以及实验结果分析的过程中，能够促使学生运用归纳、概括、分析、演绎等科学思维方法去思考与解决探究中出现的问题，有助于培养和提升学生的科学思维能力。同时实验探究又是解开应用性问题的钥匙，是发现与创新的途径和方法。高考试题中的应用性题型、创新性题型一般都可用探究方法解决。所以，在教学过程中，抓好实验探究教学，就是抓好创新思维训练，从而能够引导学生在做实验、动手建模的活动中开动脑筋，将新发现、新想法应用于应用性问题的解决过程。

参考文献

［1］中华人民共和国教育部．普通高中物理课程标准（2017 年版）［M］．北京：人民教育出版社，2018．

［2］教育部考试中心．中国高考评价体系［M］．北京：人民教育出版社，2019．

［3］教育部考试中心．中国高考评价体系说明［M］．北京：人民教育出版社，2019．

［4］李红伟．2021 年广东选择性考试物理试题分析［J］．广东教育，2021（8）：61－63．

（广州市第五中学　李红伟）

强化高考试题研究　促进思维能力提升

高考物理试题对高中物理教学具有指向性、示范性，在高三物理备考复习中对高考真题的分析与研究是一个永恒的话题。带电粒子在电磁场中运动的问题可以说一直是物理高考的热点和难点，对学生的思维能力和综合应用能力要求较高。不少学生面对这类试题，不知所措，难以达到灵活处理。本文就一道带电粒子在电场中运动的高考真题进行分析，多视角思考延伸，引导学生在掌握物理知识的同时，学会反思，学会拓展，以期培养和提高学生发现问题、提出问题、分析问题和解决问题的能力。

一、原题重现

（2020 年全国 I 卷）在一柱形区域内有匀强电场，柱的横截面积是以 O 为圆心、半径为 R 的圆，AB 为圆的直径，如图 1 所示。质量为 m，电荷量为 q（$q>0$）的带电粒子在纸面内自 A 点先后以不同的速度进入电场，速度方向与电场的方向垂直。已知刚进入电场时速度为零的粒子，自圆周上的 C 点以速率 v_0 穿出电场，AC 与 AB 的夹角 $\theta=60°$。运动中粒子仅受电场力作用。

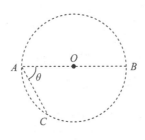

图 1

求：

（1）电场强度的大小；

（2）为使粒子穿过电场后的动能增量最大，该粒子进入电场时的速度应为多大？

（3）为使粒子穿过电场前后动量变化量的大小为 mv_0，该粒子进入电场时的速度应为多大？

二、试题分析

本题以带电粒子在有界匀强电场中的运动为情境，全面考查学生对运动、相互作用、能量、动量等物理观念要素的理解，体现了科学思维中的模型建构、科学推理、科学论证等素养要素。试题分 3 个子问题，难度逐渐增大，区分度好，突显了试题的选拔功能。

运动中粒子仅受电场力作用，速度方向与电场的方向垂直，明确揭示了粒子做类平抛运动，粒子沿电场方向和垂直电场方向分别做匀加速直线运动和匀速直线运动。第（1）问粒子以速度为 0 进入电场，粒子将做匀加速直线运动；考查学生对电场强度、动能定理等概念和规律的简单应用，突出试题的基础性、综合性。第（2）问要让粒子穿过电场后的动能增量最大，根据动能定理，电场力做功最多，沿电场线方向移动距离最大；考查学生对动能定理的深刻理解与灵活运用，突出试题的综合性、应用性，对中等水平学生进行了较好的区分。在第（3）问中粒子初速度为 0 时，动量增量的大小为 mv_0，这是其中的一种情况；从 A 点以不同的速率垂直于电场方向射入电场的粒子，动量变化还是 mv_0，根据动量定理，粒子在电场中运动时间跟前面情况相同；考查学生对动量定理的灵活运用。

解：（1）粒子自 A 点以初速度为零沿 AC 做匀加速直线运动，由几何关系可知 $x_{AC} = R$，根据动能定理得 $qEx_{AC} = \frac{1}{2}mv_0^2 - 0$，解得：$E = \frac{mv_0^2}{2qR}$。

（2）如图 2，建立直角坐标系。作 AC 的垂线并且与圆相切，切点为 D，粒子从 D 点射出沿电场线方向移动距离最大，粒子动能增量最大；粒子在电场中做类平抛运动，根据几何关系有 $x = R\sin 60° = v_1 t$，$y = R + R\cos 60° = \frac{1}{2}at^2$；而电场力提供加速度 $qE = ma$，联立各式解得：$v_1 = \frac{\sqrt{2}v_0}{4}$。

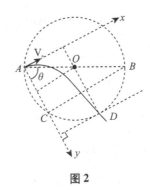

图 2

（3）由题意知，粒子初速度为 0 时，动量增量的大小为 mv_0，这是一个解。过 C 点做 AC 垂线会与圆周交于 B 点，即粒子从 A 点射入，做类平抛运动从 B 点射出，粒子在电场中运动时间与第一种情况相同，所受电场力冲量相同，其动量变化量也为 mv_0。由几何关系 $x_{BC} = \sqrt{3}R = v_2 t_2$、$x_{AC} = R = \dfrac{1}{2}at_2^2$，电场力提供加速度 $qE = ma$，联立各式解得：$v_2 = \dfrac{\sqrt{3}v_0}{2}$。

【答案】（1）$\dfrac{mv_0^2}{2qR}$；（2）$\dfrac{\sqrt{2}v_0}{4}$；（3）0 或 $\dfrac{\sqrt{3}v_0}{2}$。

三、试题的横向拓展

试题从某一知识点（或某些知识点）向其他知识点变换，即从知识的广度方面进行拓展，强调对物理学部分知识的横向联系，目的是让学生建构知识网络完整的体系，培养学生的知识迁移能力，使学生学会触类旁通。

1. 将原题中的匀强电场变换为重力场

如图 3 所示是以 O 为圆心的圆形区域，AB 为圆直径。质量为 m 的小球自 A 点先后以不同的速度水平抛出；当小球初速度为 0 时，则以速率 v_0 通过圆周上的 C 点，已知 AC 与 AB 的夹角 $\theta = 60°$，重力加速度为 g。

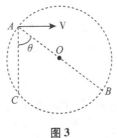

图 3

（1）为使小球穿过圆形区域后的动能增量最大，则小球自 A 点水平抛出的速度应为多大?

（2）为使小球穿过圆形区域后的动量变化量大小为 mv_0，则小球自 A 点水平抛出的速度应为多大?

解：（1）小球自 A 点以初速度为 0 做自由落体运动，由几何关系可知：$x_AC = R$，根据动能定理得 $mgR = \frac{1}{2}mv_0^2$，解得：$v_0 = \sqrt{2gR}$。

小球穿过圆形区域后的动能增量最大，则重力做功最多，小球沿竖直方向移动距离最大，即小球从 A 点水平射入，做平抛运动，从最低点 D 点射出，如图 4 所示。$x = R\sin 60° = v_1 t$，$y = R + R\cos 60° = \frac{1}{2}gt^2$，联立解得：$v_1 = \frac{\sqrt{2}v_0}{4}$。

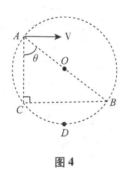

图 4

（2）由题意知，粒子初速度为 0 时，动量增量的大小为 mv_0，这是一个解。过 C 点作 AC 的垂线会与圆周交于 B 点，即粒子从 A 点射入，做平抛运动从 B 点射出，粒子在电场中运动时间与粒子初速度相同，所受重力冲量相同，其动量变化量也为 mv_0。由几何关系 $x_{BC} = \sqrt{3}R = v_2 t_2$，$x_{AC} = R = \frac{1}{2}gt^2$，联立解得：$v_2 = \frac{\sqrt{3}v_0}{2}$。

【答案】（1）$\frac{\sqrt{2}v_0}{4}$；（2）$\frac{\sqrt{3}v_0}{2}$。

【点评】试题将高考原题中的有界匀强电场变换成重力场，由于重力方向竖直向下，弦 AC 同时也调整为竖直方向，从原题的带电粒子在电场中运动横向拓展为小球在重力场中运动问题，考查了学生自由落体运动、平抛运动、动能定理、动量等知识内容。解答的关键是找到小球穿过圆形区域后的动能增量最大、动量变化量大小为 mv_0 位置，根据几何关系得到小球做平抛运动的水平、竖直位移大小。试题难度不大，对学生的作图能力、数理结合能力及思维的灵活性要求较高，即要求学生对动能定理、动量定理能够灵活应用。

2. 将原题中的匀强电场变换为匀强磁场

在一柱形区域内有垂直纸面向外的匀强磁场，柱的横截面积是以 O 为圆心，半径为 R 的圆，AB 为圆的直径，如图 1 所示。质量为 m，电荷量为 q（$q>0$）的带电粒子在纸面内自 A 点先后以与 AC 垂直不同的速度射入磁场。已知进入磁场时速度为 v_0 的粒子，自圆周上的 C 点穿出磁场，AC 与 AB 的夹角 $\theta=60°$。运动中粒子仅受磁场力作用。

求：

（1）匀强磁场磁感应强度的大小；

（2）为使粒子穿过磁场后从 B 点射出，则该粒子进入磁场时的速度 v_1 应该是多少？

（3）为使粒子穿过磁场后速度方向恰好与 AC 平行，则该粒子进入磁场时的速度 v_2 应该是多少？

解：（1）粒子自 A 点与 AC 垂直射入磁场，经半个圆周后从 C 点穿出磁场，根据洛仑兹力提供向心力得 $Bqv_0=m\dfrac{v_0^2}{r}$，由于 $x_{AC}=R$，故粒子做圆周运动半径 $r=\dfrac{1}{2}R$，解得：$B=\dfrac{2mv_0}{qR}$。

（2）粒子自 A 点与 AC 垂直射入磁场，从 B 点穿出磁场，根据几何关系得粒子做圆周运动半径 $r=2R$，如图 5 所示，根据洛仑兹力提供向心力得 $Bqv_1=m\dfrac{v_1^2}{r}$，解得：$v_1=4v_0$。

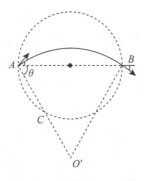

图5

（3）根据直线平行性质，$a = \gamma = 45°$，$\beta = 15°$，根据几何关系得粒子做圆周运动半径 $\sqrt{2}r = 2R\cos\beta$，如图 6 所示，根据洛仑兹力提供向心力得 $Bqv_2 = m\dfrac{v_2^2}{r}$，解得：$v_2 = (\sqrt{3} + 1)\,v_0$。

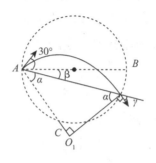

图 6

【答案】（1）$\dfrac{2mv_0}{qR}$；（2）$4v_0$；（3）$(\sqrt{3} + 1)\,v_0$。

【点评】试题将高考原题中的匀强电场变换成匀强磁场，从原题的带电粒子在电场中运动横向拓展为带电粒子在磁场中的运动问题，考查学生洛仑兹力、圆周运动等知识。解答过程中需要利用好两个重要推论找圆心与求半径：①从同一边界射入的粒子，又从同一边界射出时，速度与边界的夹角一定相等；②在圆形磁场区域内，沿径向射入的粒子，必沿径向射出。改编后试题难度不大，但对学生作图能力要求较高，突出试题的综合性与创新性。

四、试题的纵向延伸

改变试题的条件和结论，步步深入，层层推进，从知识的深度方面进行延伸，抓住原题的典型性与可塑性，通过变形对原题进行延伸与推广，目的是让学生的知识结构进行拓展，思维方式、思维能力向纵深发展，达到举一反三的功效，让学生真正从"题海战术"中解放出来。

1. 改变速度方向

在一柱形区域内有匀强电场，柱的横截面积是以 O 为圆心、半径为 R 的圆，AB 为圆的直径，如图 7 所示。质量为 m，电荷量为 q（$q > 0$）的带电粒子在纸面内自 A 点先后以不同的速度进入电场，速度方向为沿 AB 方向运动。已知刚进入电场时速度为 0 的粒子，自圆周上的 C 点以速率 v_0 穿出电场，AC 与 AB

的夹角 $\theta = 60°$。运动中粒子仅受电场力作用。

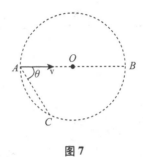

图7

（1）为使粒子穿过电场后的动能增量最大，该粒子进入电场时的速度应为多大？

（2）为使粒子穿过电场前后动量变化量的大小为 mv_0，该粒子进入电场时的速度应为多大？

解：（1）粒子自 A 点以初速度为 0 沿 AC 做匀加速直线运动，由几何关系可知 $x_{AC} = R$，根据动能定理得 $qEx_{AC} = \dfrac{1}{2}mv_0^2 - 0$，解得：$E = \dfrac{mv_0^2}{2qR}$。

如图 8 所示，建立直角坐标系。作 AC 的垂线并且与圆相切，切点为 D，粒子从 D 点射出沿电场线方向移动距离最大，粒子动能增量最大；粒子在电场中做类斜抛运动，根据几何关系有 $x = R\sin60° = v_1\sin60° t$，$y = R\cos60° + R = v_1\cos60° t + \dfrac{1}{2}\dfrac{qE}{m}t^2$，联立各式解得：$v_1 = \dfrac{1}{2}v_0$。

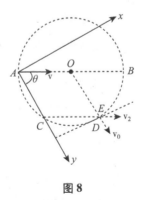

图8

（2）由题意知，粒子初速度为 0 时，动量增量的大小为 mv_0，这是一个解。过 C 点做 AB 平行线与圆周交于 E 点，即粒子从 A 点射入，从 D 点射出，粒子运动可分解为沿 AB 方向做匀速直线运动，沿 AC 方向做匀加速直线运动，在电场中运动时间与第一种情况相同，所受电场力冲量相同，其动量变化量也为 mv_0。由几何关系 $x_{CE} = R = V_2 t_2$，$x_{AC} = R = \frac{1}{2} v_0 t_2$，联立各式解得：$v_2 = \frac{v_0}{2}$。

【答案】（1）$\frac{v_0}{2}$；（2）$\frac{v_0}{2}$。

【点评】试题将高考原题中速度方向与 AC 垂直射入，变换为沿 AB 方向射入，初速度方向与匀强电场方向垂直射入，变成与电场方向成 $\theta = 60°$ 角射入，粒子运动变为类斜抛运动。试题仍以带电粒子在电场中运动为情境，着重考查学生运动的合成与分解，难度相比高考原题有所增加。第（1）问解答的关键是对类平抛的处理，即将小球运动分解为沿 x 轴方向做初速度 $v_1 \sin 60°$ 的匀速直线运动，沿 y 轴方向做初速度 $v_1 \cos 60°$、加速度为 $\frac{qE}{m}$ 的匀加速直线运动；第（2）问解答的关键是将小球运动看作沿 AB 方向的匀速直线运动，沿 AC 方向（y 轴方向）做初速度为 0 的匀加速直线运动。实际上也说明了运动的分解可沿着任意方向进行分解，在具体问题中，往往根据实际需要以更简单地解决问题而定。

2. 改变题设条件

在一柱形区域内有匀强电场，柱的横截面积是以 O 为圆心、半径为 R 的圆，AB 为圆的直径，如图9所示。质量为 m，电荷量为 q（$q > 0$）的带电小球在纸面内刚进入电场时速度为 0 的小球，自圆周上的 C 点以速率 v_0 穿出电场；现让带电小球自 A 点先后以不同的速度进入电场，速度方向与 AC 方向垂直。已知刚进入电场时速度为 0 的粒子，自圆周上的 C 点以速率 v_0 穿出电场，AC 与 AB 的夹角 $\theta = 60°$，重力加速度为 g。

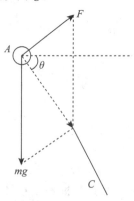

图9

求：

（1）电场强度至少应为多大？方向如何？

（2）在满足（1）条件下，为使小球穿过柱形区域后的动能增量最大，该小球自 A 点进入柱形区域时的速度应为多大？

（3）在满足（1）条件下，为使小球穿过柱形区域前后动量变化量的大小为 mv_0，该小球自 A 点进入柱形区域时的速度应为多大？

解：（1）粒子在柱形区域内受重力与电场力的合力作用下，自 A 点以初速度为 0 沿 AC 做匀加速直线运动，说明粒子所受合外力沿 AC 方向。对粒子进行受力分析，由图 9 可知，当电场力方向与 AC 垂直时，电场力最小，场强最小，即 $mg\cos\theta = qE_{\min}$，故 $E_{\min} = \dfrac{mg}{2q}$，方向与直径 AB 成 30°角斜向上。

（2）粒子自 A 点以初速度为 0 沿 AC 做匀加速直线运动，合外力所做的功等于动能增加，即 $mg\sin 60° R = \dfrac{1}{2}mv^2$。

如图 10 建立直角坐标系。作 AC 的垂线并且与圆相切，切点为 D，粒子从 D 点射出沿合力方向移动距离最大，粒子动能增量最大；粒子在复合场中做类平抛运动，根据几何关系有 $x = R\sin 60° = v_1 t$，$y = R + R\cos 60° = \dfrac{1}{2}at^2$；其中 $a = g\sin 60° = \dfrac{\sqrt{3}g}{2}$，解得：$v_1 = \dfrac{\sqrt{2v_0}}{4}$。

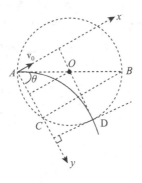

图 10

（3）由题意知，粒子初速度为 0 时，动量增量的大小为 mv_0，这是一个解。过 C 点做 AC 垂线会与圆周交于 B 点，即粒子从 A 点射入，粒子在复合场中做类平抛运动从 B 点射出，运动时间与第一种情况相同，其动量变化量也为 mv_0。

由几何关系得 $x_{BC} = \sqrt{3}R = v_2 t_2$，$x_{AC} = R = \frac{1}{2}at_2^2$，其中 $a = g\sin 60° = \frac{\sqrt{3}g}{2}$，解得：

$$v_2 = \frac{\sqrt{3}v_0}{2}。$$

【答案】（1）$E_{\min} = \frac{mg}{2q}$，方向与直径 AB 成30°角斜向上；（2）$\frac{\sqrt{2}v_0}{4}$；

（3）$\frac{\sqrt{3}v_0}{2}$。

【点评】试题将高考原题中的不考虑重力条件删去，改为要考虑重力，即带电小球在电场与重力场叠加场中运动，增大了试题的难度。试题以带电粒子在叠加场中运动为情境，深度考查学生受力分析、运动的合成与分解、动能、动量等知识，综合性强，对学生思维能力要求高。第（1）问解答应明确"至少"的含义，后面两问的解答实际上与高考原题解答相同，只是以带电粒子在叠加场中所受合力代替电场力。要求学生将动量的变化问题转化为冲量问题，再进一步将问题转化为粒子在电场中运动所用时间的问题。

五、教学启示

高三物理复习教学侧重于从物理核心素养出发，构建高中物理知识网络，帮助学生形成物理认知结构，让学生在解题实践中总结物理思想方法，培养高中物理核心素养，提升学生分析问题和解决问题的能力。实践表明，对高考物理真题的剖析与思考，要有意识地对原题进行变式与拓展，能有效地促进学生科学思维能力的提升，从而达到提高学生高中物理备考复习效率的目的。

（广州市第五中学　李红伟）

以传感器问题为依托 培养学生的
科学思维能力

分析近年来全国和各省的高考物理试题，不难看出试题的设计都突出基础，贴近教材和教学实际；重视理论联系实际，注重结合生产生活、现代社会及科技发展，彰显时代性、创新性。以传感器为依托命制的习题，能很好地考查学生的学科知识、能力和素养，因此传感器问题也必将成为学生的科学思维能力培养的立足点、发力点。新课标对传感器问题的内容要求是"通过实验，了解常见传感器的工作原理，会利用传感器制作简单的自动控制装置"，同时将"利用传感器制作简单的自动控制装置"规定为学生必做实验。课标内容要求可细化为：①通过实验研究敏感元件特性，让学生了解非电学量转化为电学量的原因；②让学生理解传感器原理，了解传感器广泛的应用；③让学生能够制作简单的自动控制装置。下面谈谈在教学过程中，结合传感器问题对学生科学思维能力培养进行的思考。

一、利用探究敏感元件特性，培养学生模型建构、科学论证能力

敏感元件是直接感受到被测量（如温度、光照、位移等），并将其变换为与被测量呈现一定关系的易于测量的物理量（如电阻、电容等），高中物理常用的敏感元件有热敏电阻、光敏电阻、电容器、霍尔元件等。探究敏感元件特性，高中阶段主要就是研究敏感元件阻值大小与被测量变化关系，即敏感元件阻值的测量；利用探究敏感元件特性，能够很好地达到培养学生模型建构、科学论证等方面能力的目的。

例1：已知一热敏电阻当温度从10℃升至60℃时，阻值从几千欧姆降至几百欧姆。某同学利用伏安法测量其阻值随温度的变化关系，所用器材：电源 E、

开关 S、滑动变阻器 R（最大阻值为 20Ω）、电压表（可视为理想电表）和毫安表（内阻约为 100Ω）。

（1）在图 1 中，在所提供的器材符号之间进行连线，组成测量电路图。

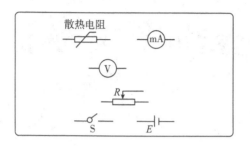

图 1

（2）实验时，将热敏电阻置于温度控制室中，记录不同温度下电压表和毫安表的示数，计算出相应的热敏电阻阻值。若某次测量中电压表和毫安表的示数分别为 5.5V 和 3.0mA，则此时热敏电阻的阻值为＿＿＿＿＿＿ kΩ（保留 2 位有效数字）。实验中得到的该热敏电阻阻值 R 随温度 t 变化的曲线如图 2 所示。

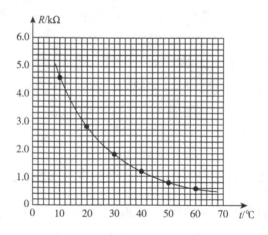

图 2

（3）将热敏电阻从温控室取出置于室温下，测得达到热平衡后热敏电阻的阻值为 2.2kΩ。由图 2 求得，此时室温为＿＿＿＿＿＿℃（保留 3 位有效数字）。

（4）利用实验中的热敏电阻可以制作温控报警器，其电路的一部分如图 3 所示。图中 E 为直流电源（电动势为 10V，内阻可忽略）；当图中的输出电压达到或超过 6.0V 时，便触发报警器（图中未画出）报警。若要求开始报警时环境温度为50℃，则图中_____（填"R_1"或"R_2"）应使用热敏电阻，另一固定电阻的阻值应为_____ kΩ（保留2位有效数字）。

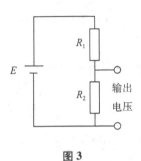

图3

【答案】（1）略；（2）1.8；（3）25.5；（4）R_1，1.2。

【解析】（1）滑动变阻器采用分压式，电压表可视为理想表，所以用电流表外接，连线如图4所示。

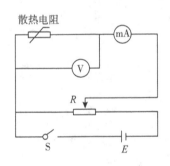

图4

（2）由部分电路欧姆定律得 $R = \dfrac{U}{I} = \dfrac{5.5}{0.3 \times 10^{-3}}\Omega \approx 1.8\text{k}\Omega$。

（3）由图2可得：电阻的阻值为2.2kΩ对应的温度为25.5℃。

（4）温度升高时，热敏电阻阻值减小，分得电压减少；而题干要求温度升高时，输出电压增大，以触发报警，所以 R_1 为热敏电阻。由图线可知，温度为50℃时，$R_1 = 0.8\text{k}\Omega$，由欧姆定律可得 $E = I(R_1 + R_2)$，$U = IR_2$，代入数据解得 $R_2 = 1.2\text{k}\Omega$。

【点评】习题探究热敏电阻阻值大小与温度变化关系。温度可以用温度计测量，课本中是用欧姆表直接测量热敏电阻阻值，但欧姆表只能粗略测量电阻阻值；习题应用了伏安法测电阻模型与方法，较准确地测出了热敏电阻阻值，得到热敏电阻阻值随温度变化的关系曲线。由于电压表可视为理想电表，故采用电流表内接法；滑动变阻器阻值较小（最大阻值为20Ω），故滑动变阻器应采用分压接法。

例2：某小组研究热敏电阻阻值随温度的变化规律。根据实验需要已选用了规格和量程合适的器材。

（1）先用多用电表预判热敏电阻阻值随温度变化的趋势。选择适当倍率的欧姆挡，将两表笔_____，调节欧姆调零旋钮，使指针指向右边"0Ω"处。测量时观察到热敏电阻温度越高，相同倍率下多用电表指针向右偏转角度越大，由此可判断热敏电阻阻值随温度的升高而_____。

（2）再按图5连接好电路进行测量。

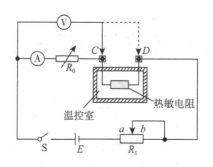

图5

① 闭合开关S前，将滑动变阻器R_1的滑片滑到_____端（选填"a"或"b"）。将温控室的温度设置为T，电阻箱R_0调为某一阻值R_{01}。闭合开关S，调节滑动变阻器R_1，使电压表和电流表的指针偏转到某一位置。记录此时电压表和电流表的示数、T和R_{01}。断开开关S。再将电压表与热敏电阻C端间的导线改接到D端，闭合开关S。反复调节R_0和R_1，使电压表和电流表的示数与上述记录的示数相同。记录此时电阻箱的阻值R_{02}。断开开关S。

② 实验中记录的阻值R_{01}_____R_{02}（选填"大于""小于"或"等于"）。此时热敏电阻阻值R_T = _____。

【答案】（1）短接，减小；（2）①b ②大于，$R_{01} - R_{02}$。

【解析】（1）选择倍率适当的欧姆挡，将两表笔短接；欧姆表指针向右偏转角度越大，阻值越小，热敏电阻的阻值随温度升高而减小。（2）①闭合开关S前，应将滑动变阻器R_1的阻值调到最大，即将滑片滑到b端；②因两次电压表和电流表的示数相同，故$R_{01} = R_{02} + R_T$ 即$R_T = R_{01} - R_{02}$，可知R_{01}大于R_{02}。

【点评】习题先使用欧姆表粗测热敏电阻阻值，得到热敏电阻阻值随温度的升高而减小的定性结论；然后利用替代法模型与方法，准确地测量出了热敏电阻阻值，探究热敏电阻阻值随温度变化的关系。替代法的测量思路是等效的思想，导线由 C 端改接到 D 端，两次电压表和电流表的示数相同、效果相同，两次测出的总电阻相同。

例 3：材料的电阻随压力的变化而变化的现象称为"压阻现象"，利用这种效应可以测量压力大小。图 6 为某压敏电阻在室温下的电阻压力特性曲线，其中 R_F、R_0 分别表示有、无压力时压敏电阻的阻值，为了测量压力 F 大小，需先测量压敏电阻处于压力中的电阻值 R_F，请按要求完成下列实验。

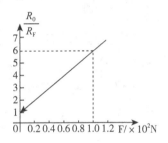

图 6

（1）现需设计一个能测量压敏电阻受到压力时的阻值的电路，请在图 7 的虚线框内画出实验电路原理图（压敏电阻及所受压力已给出，待测压力大小约为 40N ~ 80N，不考虑压力对电路中其他部分的影响），要求误差较小。提供的器材如下：

图 7

A. 压敏电阻，无压力时阻值 $R_0 = 6000\,\Omega$

B. 滑动变阻器 R，全电阻约 $200\,\Omega$

C. 电流表 A，量程 2.5mA，内阻约 $30\,\Omega$

D. 电压表 V，量程 3V，内阻约 $3\mathrm{k}\Omega$

E. 直流电源 E，电动势 3V，内阻很小

F. 开关 S 与导线若干

（2）正确连线后，将压敏电阻置于待测压力下，通过压敏电阻的电流是 1.33mA，电压表的示数如图 8 所示，则电压表的读数为_____ V。

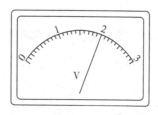

图 8

（3）此时压敏电阻的阻值为_____ Ω；结合图 6 可知待测压力的大小 $F =$ _____ N。（计算结果均保留 2 位有效数字）

【答案】（1）略；（2）2；（3）1.5×10^3，60。

【解析】（1）由于滑动变阻器总电阻较小，远小于待测压敏电阻阻值，因此滑动变阻器应采用分压接法；同时因待测压敏电阻较大，故电流表应采用内接法；电路图如图 9 所示。

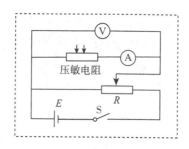

图 9

（2）电压表量程为 3V，最小分度为 0.1V，则读数为 2V；

（3）根据欧姆定律可知：$R = \dfrac{U}{I} = \dfrac{2.00}{1.33 \times 10^{-3}} = 1.5 \times 10^3 \Omega$；

压敏电阻无压力阻值 $R_0 = 6000\Omega$，则有：$\dfrac{R_0}{R_F} = \dfrac{6000}{1.5 \times 10^3} = 4$；

由此可知，压力大小约为 60N。

【点评】习题以研究压敏电阻材料的电阻随压力的变化而变化的现象为情

境，实际是考查伏安法测电阻模型与方法，考查电路设计知识。题目给出滑动变阻器以及压敏电阻阻值关系，滑动变阻器总电阻远小于压敏电阻阻值，滑动变阻器应采用分压接法；压敏电阻阻值远大于电流表内阻，电流表应采用内接法；根据电压表量程以及最小分度可求得电压表的读数；根据欧姆定律可求得电阻，再根据图6数据即可求得压力的大小。

二、通过传感器原理及应用，培养学生科学推理能力

传感器是将被测量按一定规律转换成便于应用的某种物理量的装置，即将被测非电学量转换成电学量的装置。传感器一般由敏感元件、转换元件和转换电路三部分组成，组成框架如图10所示。随着科学技术的发展，传感器的应用已渗入到社会的各个领域。通过传感器原理及应用教学，理论联系实际，能充分体现物理"源于生活，用于生活"的理念，能很好地培养学生的获取信息、分析综合、科学推理等方面的能力。

图10

例4：如图11所示是一种利用压力传感器测量血压的血压计的工作示意图。图12薄金属片 P 固定着4个电阻 R_1、R_2、R_3、R_4；图13是4个电阻的侧面图，其形状会随着薄金属片受压而变化；图14是4个电阻电路连接电路图。这种血压计的工作原理是：当 O 点加一个压力 F 后薄金属片 P 发生形变，这时4个电阻也随之发生形变，形变能使各电阻的大小发生变化，使 A 点与 B 点之间产生电势差。血压越高，压力越大，金属片形变越显著，电阻变化越大，电压表的示数就越大，因而根据电压表的示数大小可测量血压的高低。请回答下列问题：

（1）开始时薄金属片中央 O 点未施加压力，电压表无示数，求此时4个电阻之间应满足的关系。

（2）当薄金属片中央 O 点加一个压力 F 后发生形变，这时4个电阻也随之发生形变，形变后各电阻大小如何变化？电阻变化后，电路的 A、B 两点哪点电势高？

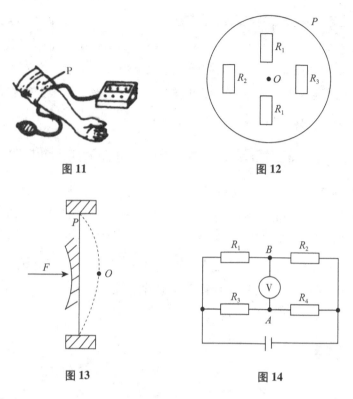

图 11　　　　　　　　　　　　图 12

图 13　　　　　　　　　　　　图 14

【答案】（1）$R_1R_4 = R_2R_3$；（2）R_1、R_4 增大，R_2、R_3 减小，A 点电势高。

【解析】（1）开始时金属片中央 O 点未加任何压力，要使伏特表无读数，就要使 A、B 两点电势相等，即 $\dfrac{U}{R_1 + R_2}R_1 = \dfrac{U}{R_3 + R_4}R_3$，则：$R_1R_4 = R_2R_3$。

当 O 点加垂直于金属片的压力后，金属片发生形变，由于电阻是固定在金属片上的，因此 R_1、R_4 被拉长，R_2、R_3 被拉宽。根据电阻定律，R_1、R_4 增大时 R_2、R_3 减小，R_1、R_4 增大时 R_2、R_3 减小，故在 R_1、R_2 的串联电路中 R_1 电压降增大，R_3、R_4 串联电路中 R_3 电压降减小，所以 A 点电势高于 B 点电势。

【点评】试题以压敏电阻在便携式电子血压计中的应用为情境进行命题，涉及欧姆定律、串联电路的分压特点、电阻定律等知识点，考查学生获取信息、逻辑推理等方面能力。解答时，首先明确金属片中央 O 点未加任何压力，A、B 两点电势相等，R_1 与 R_3 两端的电压相等；其次知道金属片受力后，排列方向不同的电阻要发生形变，R_1、R_4 是长度变化，R_2、R_3 是宽度变化，各电阻阻值发生变化，A、B 两点的电势差随之改变。A、B 两点的电势差反映测量血压的高低。

例5：酒精测试仪常用于现场检测判断机动车驾驶人员是否酗酒。它利用的是一种二氧化锡半导体型酒精气体传感器，酒精气体传感器的电阻随酒精气体浓度的变化而变化。在如图15所示的电路中，酒精气体的不同浓度对应着传感器的不同电阻。这样，电压表的指针就与酒精气体浓度有了对应关系。如果二氧化锡半导体型酒精气体传感器电阻的倒数与酒精气体的浓度成正比，则电压表示数 U 与酒精气体浓度 C 之间的对应关系是（　　　）。

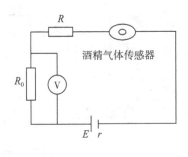

图15

A. U 越大，表示 C 越大，C 与 U 成正比

B. U 越大，表示 C 越大，但是 C 与 U 不成正比

C. U 越大，表示 C 越小，C 与 U 成正比

D. U 越大，表示 C 越小，但是 C 与 U 不成反比

【答案】B

【解析】由闭合电路欧姆定律得，干路的电流 $I = \dfrac{E}{r + R_0 + R + R_x}$，电压表示数 $U = IR_0 = \dfrac{ER_0}{r + R_0 + R + R_x}$；传感器电阻的倒数与酒精气体的浓度成正比，则传感器电阻 R_x 与酒精气体浓度 C 乘积为一定值，即 $R_x C = k$（定值），可见 U 越大，R_x 越小，表示 C 越大，但是 C 与 U 不成正比，故 B 正确。

【点评】习题以气敏电阻在酒精测试仪中的应用为情境，涉及闭合电路欧姆定律、串联电路的分压特点等知识点，考查学生分析综合、科学推理等方面的能力。解答时，电压表测 R_0 两端的电压，酒精气体传感器的电阻的倒数与酒精气体的浓度 C 成正比，C 越大则传感器的电阻越小，由闭合电路欧姆定律可知通过传感器的电流越大，电阻 R_0 两端的电压 U 越大，所以 U 越大，则表示 C 越大，但是 C 与 U 不成正比。

例6：小明同学想用一只半导体热敏电阻制作一支能测量水温的温度计，通过查阅资料，他获得该热敏电阻的 $R - t$ 特性曲线，如图16所示。他要求所制的温度计的测量范围是 $0 \sim 100℃$，且在水温是 $100℃$ 时，电压表指针偏转达到最大位置。根据特性曲线，他设计的温度计电路如图17所示，图中的定值电阻 $R_0 = 100\Omega$，电压表的量程是 $0 \sim 3V$，电源电压稳定。

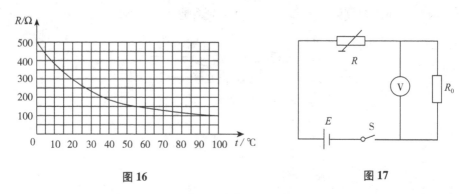

图16   图17

（1）根据特性曲线，该热敏电阻在 $55℃$ 时，阻值为多大？

（2）通过计算说明，当水温是 $20℃$、$100℃$ 时，电压表的指针指示是多少？

【答案】（1）150Ω；（2）$1.5V$，$3V$。

【解析】（1）由图16所示特性曲线可知，该热敏电阻在 $55℃$ 时，阻值为 150Ω；

（2）由图16所示特性曲线可知，当水温是 $100℃$ 时，热敏电阻阻值为 100Ω，此时电压表指针到达最大刻度值 $3V$；此时则电路电流 $I = \dfrac{U}{R} = \dfrac{3V}{100\Omega} = 0.03A$，电源电动势 $E = I(R + R_0) = 0.03A \times (100\Omega + 100\Omega) = 6V$。

由图16所示的特性曲线可知，当水温是 $20℃$ 时，$R' = 300\Omega$，此时电路电流 $I = \dfrac{U}{R + R'} = \dfrac{6V}{100\Omega + 300\Omega} = 0.015A$，电压表示数 $U' = I'R_0 = 0.015A \times 100\Omega = 1.5V$。

【点评】试题利用热敏电阻制作温度计为情境进行命题，涉及闭合欧姆定律及应用等知识点，考查学生获取信息、科学推理、实验设计等方面的能力。解答本题的关键是分析清楚图16所示图像含义，求出不同温度对应的电阻阻值。

三、设计简单的自动控制装置，培养学生质疑创新能力

设计简单的自动控制装置，除了利用敏感元件外，还要设计相对应的执行

装置，电磁继电器是设计简单的自动控制装置中的一种最常见的执行装置。设计简单的自动控制装置，要求学生能理解实验原理，设计实验方案，对一些传感器的设计问题能提出自己的看法、意见。这能够很好地培养学生的解释能力、设计能力、迁移能力及质疑创新能力。

例7：某同学通过实验制作一个简易的温控装置，实验原理电路图如图18所示，继电器与热敏电阻 R_t、滑动变阻器 R 串联接在电源 E 两端，当继电器的电流超过 15mA 时，衔铁被吸合，加热器停止加热，实现温控。继电器的电阻约 20Ω，热敏电阻的阻值 R_t 与温度 t 的关系如表1所示。

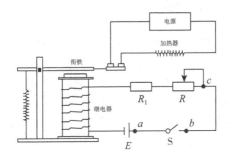

图 18

表 1

$t/℃$	30.0	40.0	50.0	60.0	70.0	80.0
$R_t/Ω$	199.5	145.4	108.1	81.8	62.9	49.1

（1）提供的实验器材有：电源 E_1（3V，内阻不计）、电源 E_2（6V，内阻不计）、滑动变阻器 R_1（0～200Ω）、滑动变阻器 R_2（0～500Ω）、热敏电阻 R_t、继电器、电阻箱（0～999.9Ω）、开关 S、导线若干。为使该装置实现对30℃～80℃之间任一温度的控制，电源 E 应选用_____（选填"E_1"或"E_2"），滑动变阻器 R 应选用_____（选填"R_1"或"R_2"）。

（2）按电路图18连接电路后，欲使衔铁在热敏电阻为50℃时被吸合，下列操作步骤的正确顺序是_____（填写各步骤前的序号）。

① 将热敏电阻接入电路

② 观察到继电器的衔铁被吸合

③ 断开开关，将电阻箱从电路中移除

④ 合上开关，调节滑动变阻器的阻值

⑤ 断开开关，用电阻箱替换热敏电阻，将阻值调至 108.1Ω

【答案】（1）E_2，R_2；（2）⑤④②③①。

【解析】（1）由于当继电器的电流超过 15mA 时衔铁才能被吸合，若电源 E 取 $E_1 = 3V$ 时，由闭合电路欧姆定律得 $I_1 = \dfrac{E_1}{R_{总}} = 0.015A$，即 $R_{总} = \dfrac{E_1}{I_1} = 200Ω$；而在 30℃时，热敏电阻的阻值为 199.5Ω，再加上继电器的电阻 20Ω，总电阻为 219.5Ω，超过 200Ω，则电流无法达到 15mA，无法使温度控制在 30℃，故电源 $E_1 = 3V$ 不能选择，只能选择电源 E_2。

电源取 $E_2 = 6V$，由闭合电路欧姆定律得 $I_2 = \dfrac{E_2}{R_{总}} = 0.015A = 0.015A$，则 $R_{总}' = 400Ω$。此时若要使温度能控制在 80℃，热敏电阻 R_t 与继电器的总电阻为 49.1Ω + 20Ω = 69.1Ω，69.1Ω < 400Ω，为使衔铁不至于在低于 80℃时被吸合，需串联一个滑动变阻器，且最大阻值不能小于 400Ω − 69.1Ω = 330.9Ω，而 R_1 最大阻值为 200Ω，不符合要求，故选 R_2。

（2）为便于设计电路，这里用电阻箱临时代替热敏电阻。先查出 50℃时热敏电阻的阻值，将电阻箱调至相同阻值，断开开关，用电阻箱替换热敏电阻，合上开关，调节滑动变阻器，使衔铁刚好被吸合，再断开开关，将电阻箱移除，换成热敏电阻。因此其合理顺序为⑤④②③①。

【点评】本题以设计制作简易的温控装置为情境进行命题，涉及闭合欧姆定律、传感器等知识点，考查了学生获取信息、解释设计等方面能力。明确实验的目的是实现对 30℃ ~ 80℃之间任一温度的控制，30℃ ~ 80℃是重要提示信息，是解题的关键所在。解答时应结合表格中数据，分析不同温度下热敏电阻的阻值，根据实验要求进行分析，从而正确选择出应采用的电源和滑动变阻器。

例 8：为了节能和环保，一些公共场所使用光控开关控制照明系统。光控开关可采用光敏电阻来控制，光敏电阻是阻值随着光的照度而发生变化的元件（照度可以反映光的强弱，光越强照度越大，照度单位为 lx）。某光敏电阻 R_P 在不同照度下的阻值如表 2 所示。

表2

照度/lx	0.2	0.4	0.6	0.8	1.0	1.2
电阻/kΩ	75	40	28	23	20	18

（1）根据表中数据，请在图19所示的坐标系中描绘出阻值随照度变化的曲线，并说明阻值随照度变化的特点。

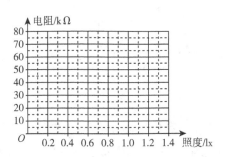

图19

（2）如图20所示，当1、2两端所加电压上升至2V时，控制开关会自动启动照明系统。请利用下列器材设计一个简单电路，给1、2两端提供电压，要求当天色渐暗，照度降至1.0lx时启动照明系统，在虚线框内完成电路原理图（不考虑控制开关对所设计电路的影响）。提供的器材如下：

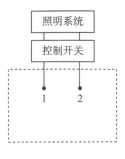

图20

光敏电阻 R_P（符号 ，阻值见表2）；

直流电源 E（电动势3V，内阻不计）；

定值电阻：$R_1 = 10kΩ$，$R_2 = 20kΩ$，$R_3 = 40kΩ$（限选其中之一并在图中标出）；开关S及导线若干。

【答案】略。

【解析】（1）根据光敏电阻照度与阻值的对应关系，作出阻值随照度变化的曲线，如图21所示。由图21可知，光敏电阻的阻值随光照强度的增大而非线性减小的特点。

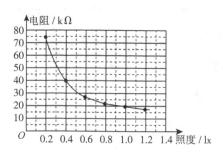

图21

（2）将光敏电阻与另一定值电阻串联接入电源，控制开关与光敏电阻并联；照度降低，光敏电阻阻值增大，光敏电阻两端的电压增大，当光敏电阻两端电压增大至启动电压时，控制开关将开启照明系统。

当天色渐暗，照度降低至1.0lx时开启照明系统，此时启动控制开关的电压是2V，对应的光敏电阻阻值为20kΩ，则定值电阻两端电压为1V。由电阻串联电压关系可知，定值电阻应选 $R_1 = 10$kΩ。电路图如图22所示。

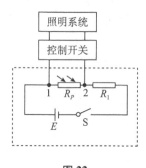

图22

【点评】习题以光敏电阻的阻值随光照强度变化的规律为背景，结合数据绘制图线、选择器材并设计电路，涉及闭合欧姆定律、串联电路分压关系等知识，考查了学生的实验设计、知识迁移和思维创新等方面能力。习题设计电路部分实际就是设计分压电路的问题，解题的关键是学生能否熟练运用串联电路的分压关系进行分析。

（广州市第五中学　李红伟）

第三篇

基于科学思维培养的教学设计

"弹力"教学设计

一、教学内容

《弹力》是高中物理课程标准实验教科书必修一第三章的第二节。本节课将安排两个课时进行教学，第一课时计划完成物体的形变和弹力的定义、产生原因、产生条件和弹力的方向的探究，第二课时计划完成弹簧弹力与形变量之间定量关系探究性实验并归纳总结出胡克定律。

二、教材分析及教学策略

弹力是高中力学的基础内容和重要内容，也是启下的重要一环，弹力是否熟练掌握将影响学生以后对物体的受力分析以及对牛顿第二定律的应用。同时弹力的方向是高一学生在学习过程中面临的一个难点，根本原因是学生忽视了对弹力的概念和产生原因的分析，以及没有弄清楚施力物和受力物，同时学生对各种不同类型的弹力方向的区别容易产生混乱。因此弹力的方向是本节教学的重点和难点。

故教师在教授本课时要注意突出"实验探究与归纳总结相结合"。其中有教师演示实验，也有学生自己动手实验，通过学生的观察和教师的正确引导，使学生从实验中总结归纳出弹力方向的特点，并且通过这节课使学生感受到探寻物理规律的乐趣。

三、学情分析

学生在初中已经对弹力有了初步的接触，对形变的定义和分类，还有弹力的定义有印象，但对弹力的产生原因和方向并没有做深入的学习。因此学生对概念比较模糊，特别是对各种类型的弹力方向的判断。因此本节课的重点放在探究弹力的方向上。

四、教学目标

1. 物理观念

（1）使学生知道常见的形变，通过实验了解物体的弹性；

（2）让学生知道弹力产生的原因和条件；

（3）学生知道压力、支持力和绳的拉力是弹力，会分析弹力的方向，能正确画出弹力的示意图。

2. 科学思维

（1）学生通过观察与体验，能归纳出弹力方向。

（2）让学生了解物理的重要研究方法之一"放大法"。

3. 科学探究

（1）使学生通过动手实验，找到解决问题的方法，能自己得出弹力方向。

（2）学生通过讨论与交流，学会合作、科学研究问题。

4. 科学态度与责任

通过本节课的学习，让学生感受到探寻物理规律的乐趣。同时能够学以致用，了解弹力在生产和生活中的事例，体会到物理与现实生活是息息相关、紧密联系的。

五、教学重难点

1. 重点

弹力的定义、弹力的方向。

2. 难点

让学生判断弹力的方向和正确画出物体所受弹力的示意图。

六、教学用具

弓箭、弹簧、水球、激光笔等。

七、教学流程（见图1）

```
┌─────────────────────────┐
│ 引入新课：拉弓射箭，认识形态 │
└─────────────────────────┘
            ⇩
┌─────────────────────────┐
│   学生实践：感受各种形态    │
└─────────────────────────┘
            ⇩                    ┌──────────────┐
                            ┌──→│  变形的分类   │
┌─────────────┐              │   └──────────────┘
│  演示实验    │──────────────┼──→┌──────────────┐
└─────────────┘              │   │ 弹力产生的原因 │
            ⇩                 │   └──────────────┘
                            └──→┌──────────────┐
                                │ 弹力有无的判断 │
┌─────────────────────────┐     └──────────────┘
│  探究实验：弹力的方向      │
└─────────────────────────┘
            ⇩
┌─────────────────────────┐
│     弹力的示意图          │
└─────────────────────────┘
            ⇩
┌─────────────────────────┐
│     小结与联系            │
└─────────────────────────┘
```

图1

八、教学过程

教学环节	教师活动	学生活动	设计说明	科学思维培养
新课引入：学生玩射箭游戏引入课堂	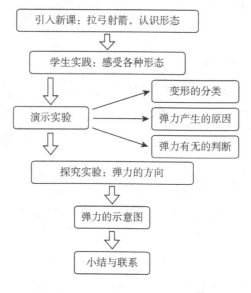 引入其他利用物体弹性的例子：如跳水、撑竿跳、蹦床等	分析弹性、举出关于弹性的例子	激发学生的学习兴趣	观察思考，形成概念
学生实践：常见形变	让学生感受各种形变	动手体验桌面上的器材：橡皮泥、橡皮筋、弹簧，说出各种形变	自己体验，得出不同的形变	归纳、比较

教学环节	教师活动	学生活动	设计说明	科学思维培养
学生实践：常见形变		如下图所示，取一根弹簧和一块橡皮泥，分别用力压弹簧和橡皮泥。停止用力，看一看它们的形变情况有什么不同 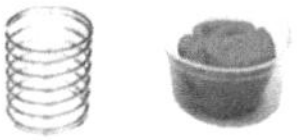 (a)　　　(b)		
知识点教学：形变的分类	通过体验，引入弹性形变、范性形变和弹性、弹性限度的概念 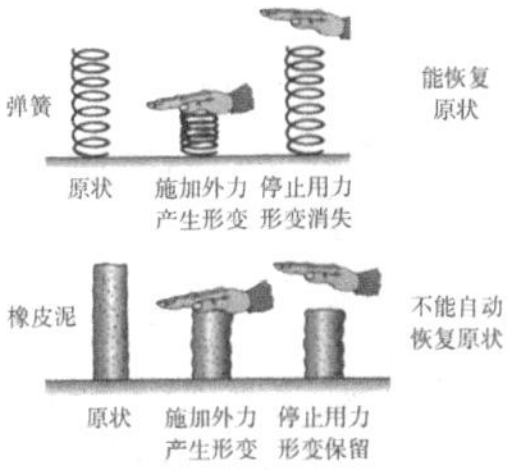	观察与思考，回答问题	自己体验，得出不同的形变	比较与分类
演示实验教学：明显形变与微小形变	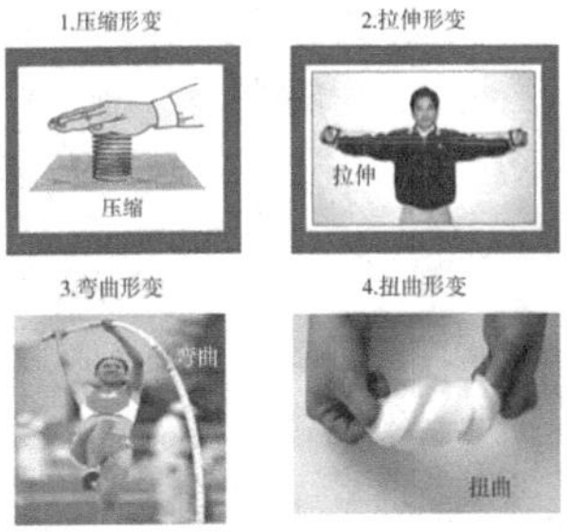 1.压缩形变　2.拉伸形变 3.弯曲形变　4.扭曲形变 微小形变：需要用放大法  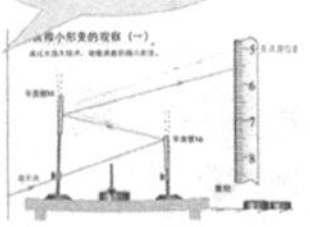	观察玻璃瓶液柱高度的变化；参与压桌子，观察光点的移动，使学生了解物理学的重要研究方法之一：放大法	让学生观察，感受遇到问题如何想办法解决	分析与综合

101

教学环节	教师活动	学生活动	设计说明	科学思维培养
演示实验教学：发生弹性形变的物体，恢复原状，对与它接触的物体产生力的作用	演示车在弹簧恢复形变时的情况 F_1 （a）被拉伸的弹簧 F_2 （b）被压缩的弹簧	观察、思考	得出弹力产生的原因	归纳、概括
知识点教学：弹力的定义、弹力产生的条件、弹力有无的判断	归纳条件	两个条件	自己归纳	归纳与演绎
演示实验：弹力有无的判断	将两个小球用线竖直悬挂着，并进行接触，判断其有无弹力两个小球的悬线有一定的夹角，判断其有无弹力	观察、得出弹力有无的判断方法：条件法与假设法	观察、对比	比较、演绎
探究实验：探究弹力的方向	弹力方向与形变关系的演示。 学生实验1：薄木板水球实验 F 恢复原状的方向 学生实验2：绳拉重物 F 恢复原状的方向 学生实验3：手压弹簧 恢复原状的方向 F	学生一边回答问题，一边完成学案上的表格	在实验中探究，让学生感受物理探究的乐趣，真实地感受弹力的方向	分析与综合、批判性思维

教学环节	教师活动	学生活动	设计说明	科学思维培养
知识点教学：弹力的方向	问：从表格可以发现物体产生的弹力的方向与物体恢复原状的方向关系。总结：①压力和支持力总是垂直接触面或切面，指向受力物体；②绳子的拉力总是沿着绳子收缩方向；③弹簧弹力的方向总是沿着弹簧轴线的方向指向弹簧收缩的方向	学生回答：与物体形变的方向相反；与物体恢复原状的方向相同	引导学生顺利得出弹力方向与物体形变之间的关系	分析与综合
堂上练习：弹力的示意图	在学生练习过程中巡查，寻找学生常见的错误，并进行投影现场评讲	学生自主思考，画图	帮助学生突破难点与易错点	比较与分类
小结	回顾本节课的内容，引导学生把所学知识应用于生产生活中		激发学生学有所用的兴趣	概括、归纳

九、教学反思

这节课的教学目标基本达成，发挥了学生的主体作用，全面培养了学生自主学习和探究的能力。用实验探究的方法，归纳得出弹力的方向，使学生印象深刻，掌握程度得到提高。

不足之处：探究弹力方向的实验可以再精简一点，让学生有更多的时间去体会、感受和完成表格的内容。堂上的练习，画弹力的示意图的题目可以先挑选稍简单的来做，降低难度，给学生设好台阶。

当然，在对弹力有无的判断和弹力方向上，学生很难在一两节课就形成好的思维，应在以后的教学中不断地渗透和学习，学生的思维才能得到锻炼与不断提升。

（广州市第五中学 姚美奇）

"牛顿第一定律"教学设计

一、教材分析：让科学思维培养内容融入教学内容

牛顿运动定律是整个力学体系的基石，而牛顿第一定律又是这个"基石"中的"基石"，它定性地揭示了力和运动的关系，提出惯性的概念，为定量研究力和运动的关系拉开了序幕。高中教材与初中相比，主要有四点不同。一是定律内容深浅的不同：初中教材将其叙述为"一切物体在没有受到外力作用的时候，总是保持静止状态或匀速直线运动状态"，高中教材将其叙述为"一切物体总保持匀速直线运动状态或静止状态，直到有外力迫使它改变这种状态为止"。高中教材中的表述具有更为丰富的内涵，它强调了力是改变物体运动状态的原因，为学生学习牛顿第二定律做了铺垫，在难度加大的同时，突出了知识的体系性。二是惯性的认识层次的不同：初中强调一切物体都有惯性；高中侧重惯性与质量的关系，突出了对物理本质的认识。三是实验的设计、探究及思维深度的不同：初中的斜面小车实验，体现了"观察—归纳"的学习方式；高中的伽利略理想实验，历经了"现象—类比—模型建构—科学推理"的研究过程，发展了学生思维。四是学科文化、科学态度责任的教育的不同：初中对牛顿第一定律建立的历史过程一语带过；高中教材回顾了历史，让学生体会一个规律的获得是一代又一代人努力的结果，能够激发学生追求科学、勇于创新的动力。人教版教材只是介绍了实验与逻辑推理的过程，对于它是怎样得来的、伽利略是怎么想的没有介绍；粤教版教材则在教材后面的"资料活页"里有所介绍。"怎么来、怎么想"对学生学习如何研究问题、体悟实验与逻辑推理相结合的科学研究方法有着极其重要的作用。

二、学情分析：学生思维现状

经过初中的学习，学生基本掌握了牛顿第一定律的内容和惯性的概念，但对知识的理解还比较浅，仍停留在自己的生活经验层次，对"质量是惯性唯一的量度"更是缺乏认识，认为速度也是惯性的量度，学习以知识为主，抽象思维发展较为滞后，对知识的理解处于一知半解的状态。学生要在头脑中建立正确的力和运动关系的概念，并非一帆风顺，常常形成与亚里士多德相似的观点，且根深蒂固，在处理具体的实际问题时，一些错误观点不时冒出来，存在着严重的"口是心非"问题。教师要在课堂上充分引导学生，配合实验、结合生活实例来澄清概念。

三、教学目标：体现科学思维培养目标

（1）历经伽利略研究"力与运动关系"过程，发展学生的模型建构、类比、科学推理等科学思维。

（2）历经"力与运动关系"的知识建构过程，使学生理解牛顿第一定律，初步形成正确的运动与相互作用观念。

（3）通过对有关物理史实的学习，培养学生尊重客观事实、实事求是的科学态度。

四、教学重点、难点

（1）在伽利略理想实验中体现"实验与逻辑推理"相结合的思想及相应的科学思维。

（2）让学生理解牛顿第一定律，形成正确的运动与相互作用观念。

五、教学用具与资源

单摆、多媒体视频、课件。

六、教学流程（见图1）

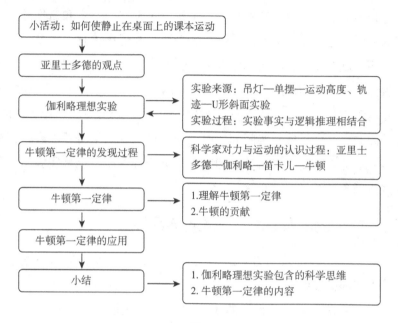

图1

七、教学过程

教学环节	教师活动	学生活动	设计说明	科学思维培养
一、从常见的生活例子谈起，从而引入新课	提出问题： （1）静止在桌面上的课本，怎样才能让它运动？ （2）不推它，它还会动吗？物体的运动需要力来维持吗？ （3）行驶中的汽车在关闭发动机后，将做怎样的运动？ 介绍亚里士多德的观点。 提出问题： （1）你赞同亚里士多德的观点吗？ （2）你如何证明你的观点？	想办法让静止在桌面上的课本运动起来，观察、归纳得出结论。 用已有经验讨论回答。	引出学生对力与运动关系的原有认识。 引发学生的认知冲突。 引出伽利略的研究。	归纳

教学环节	教师活动	学生活动	设计说明	科学思维培养
伽利略理想实验 1. 理想实验的起源：单摆与伽利略针	1. 介绍伽利略理想实验的灵感来源：在比萨大教堂做礼拜，看到吊灯的摆动。 展示复杂的吊灯，提出问题：吊灯的结构复杂，不方便观察，该怎么办？ 2. 介绍模型建构：抓住事物的主要特征，经过抽象化繁为简，把吊灯抽象成单摆。 提出问题：摆到另一端后，摆球能回到释放时的高度吗？为什么不能？ 3. 介绍伽利略针。 提出问题： （1）摆到另一端后，摆球能回到释放时的高度吗？为什么不能？ （2）若忽略阻力，摆球能回到同一高度吗？ 4. 课件模拟演示忽略阻力的单摆实验。 提出问题：摆球摆动的轨迹是怎样的？ 展示模拟实验单摆轨迹。 	学生思考回答。 分小组进行单摆实验。 观察比较、思考论证。 观察比较。 实验观察。	完善理想实验，展现思维魅力。 单摆实验的原始素材。 抓住摆球高度，为U形斜面实验提供事实基础。 通过类比、推理从摆球"轨迹"过渡到"U形斜面"，从单摆实验过渡到伽利略理想实验。	培养模型建构能力。 培养类比、迁移能力。
2. 伽利略的理想实验	演示小球在U形斜面的滚动实验。 提出问题：小球为什么不能滑到原来的高度？若没有摩擦阻力，小球能上升到原来的高度吗？怎么证明？ 展示实验：固定小球的位置，	观察讨论、设计验证方案。 观察小球上升的高度怎样变化	为逻辑推理提供事实依据。	培养科学推理能力。

107

教学环节	教师活动	学生活动	设计说明	科学思维培养
实验评价：伽利略设计的实验虽是想象中的，但却是建立在可靠的事实基础上的。把研究的事物理想化，就可以更加突出事物的主要特征，化繁为简，易于认识其规律。实验与逻辑推理相结合，实验不能实现的地方，思维可以完成	逐步减小U形斜面的粗糙程度并提出问题： （1）如果无摩擦，小球将会怎样？ （2）减小右斜面倾角，小球能上升到原来的高度吗？为什么？ （3）右斜面放平，小球还能上升到原来的高度吗？小球将做什么运动？ 用课件模拟展示伽利略理想实验，进行实验评估。 提出问题。 （1）理想实验并不能进行实际操作，它得到的结论可靠吗？为什么？ （2）对于实验你有怎样的感悟？ 介绍伽利略的贡献。	根据实验现象进行科学推理。 类比讨论。 通过科学推理得出结论：小球将以恒定的速率永远运动下去，因此，物体的运动不需要力去维持 学生讨论。 思考感悟。 认识伽利略。	历经理想实验过程，厘清知识的来龙去脉，帮助建构优化的知识。 展示推理成果，体验成功喜悦。 加深学生对理想实验及其物理思维方法的认识。 科学文化教育。	模型建构。
二、牛顿第一定律的发现过程	1. 对亚里士多德的认识。 提出问题：我们现在知道亚里士多德的观点是错误的。那么他有贡献吗？ 教师点评：他第一个提出了力与运动间存在关系的论点，开辟了一个新的研究领域。 提出问题：关于力与运动的关系，伽利略为什么能得出正确观点？ 2. 对伽利略的认识。 教师点评：伽利略第一个走出"直观观察就能得出结论"的误区，第一个意识到摩擦力	讨论，发表自己的见解。 回顾伽利略理想实验，交流伽利略研究问题的思维方法。	牛顿第一定律的发现过程是漫长的，它包含了人类思考逐步提高的过程。历经这一过程不仅能让学生体验到丰富的物理文化，而且能启迪学生的思维，养成其全面、客观、公正的思维习惯	思维认知的上升过程；科学态度与责任教育。

教学环节	教师活动	学生活动	设计说明	科学思维培养
二、牛顿第一定律的发现过程	这种无形的力。他开创了实验与逻辑推理相结合的科学研究方法。对此，爱因斯坦是这样评价的："它是人类思想史上最伟大的成就之一，而且标志着物理学的真正开端。"这个评价实事求是，从亚里士多德到伽利略，经历了 2000 多年，物理学徘徊不前；从伽利略到爱因斯坦，只经历 300 多年，物理学的大厦就初步建立，大师辈出，这都得益于伽利略首创的实验研究方法。 提出问题：伽利略为什么没有得出牛顿第一定律的全部内容？学生讨论。 教师点评：受到时代的限制，认为小球将沿着贴着地面的轨道永远运动下去，而地球是球形，因此，小球的运动是曲线运动。 3. 介绍与伽利略同时代的法国科学家笛卡儿对力与运动的认识。 笛卡儿经过研究明确指出"除非物体受到外力的作用，否则物体将永远保持其原来的静止或运动状态，并且永远不会使自己沿曲线运动，而只保持在直线上运动"，他第一个认识到力是改变物体运动状态的原因。 4. 牛顿及其第一定律。 过渡：1642 年，伽利略逝世。1643 年牛顿在英国诞生，对于力与运动的关系，他提出了牛顿第一定律。	讨论，发表自己的见解。 了解牛顿第一定律的发现过程，感受科学的传承与发展。		

教学环节	教师活动	学生活动	设计说明	科学思维培养
二、牛顿第一定律的发现过程	提出问题：（1）初中已经学过牛顿第一定律，你还记得它的内容吗？（2）再看看现在的课本是怎么表述的，与初中相比有什么区别	回忆、回答。 阅读，对比。		
三、牛顿第一定律	1. 牛顿第一定律的理解。 提出问题： （1）牛顿第一定律描述了几种情况？ 什么情况下物体具有"保持匀速直线运动状态和静止状态"属性？它与什么有关？能举例说明吗？ 牛顿第一定律中的"外力"指的是我们前面学过的什么力？ 提出问题：学习了牛顿第一定律后，你觉得什么是力？力与运动是什么关系？能举例说明吗？ 2. 牛顿的贡献。 提出问题：牛顿对力与运动的关系的看法与笛卡儿有区别吗？ 教师点评：牛顿对力与运动关系的探究在前人的基础上更进了一步，清晰定义了力的概念："外力是改变物体运动状态的作用。"他把保持"匀速直线运动状态"和"静止状态"上升到物体的"固有属性"（惯性）的高度，使人们对物体与运动的认识提升到一个全新的高度。	思考讨论。 阅读分析，理解"惯性是物体的固有属性"。 思考讨论。 思考讨论。 练习：下列情况中物体所受的合力不为零的是（　）。 A. 钢索吊起的工件在加速上升 B. 汽车在平直的路面上匀速前进 C. 火车以恒定的速率在轨道上转弯 D. 水平抛出的物体在空中运动 对比思考讨论。	理解惯性是物体的固有性质，它仅跟物体的质量有关，是物体"抗拒"运动状态改变的能力。理解物体运动状态的改变是合力的效果而不是某个力。体悟"力是改变物体运动状态的作用"，它与运动无关，而是与运动状态"变化"有关，初步形成力与运动的观念。"运动与力的关系"与学生的直觉经验相悖。及时巩固，帮助学生构筑全新的正确观念十分必要。理解牛顿第一定律的物理本质。	科学本质。

教学环节	教师活动	学生活动	设计说明	科学思维培养
四、牛顿第一定律的应用		练习：回答下列问题。 （1）飞机投弹时，当目标在飞机的正下方时投下炸弹，能击中目标吗？为什么？ （2）我国《道路交通安全法》规定，在各种小型车辆里乘坐的人必须系好安全带。为什么会有这样的规定？ （3）一位同学说，向上抛出的物体，在空中向上运动时，肯定受到了向上的作用力，否则它不可能向上运动。这个结论错在哪里？	强化对惯性的理解和力与运动的关系。	
五、小结	1. 伽利略理想实验。 模型建构 类比推理 吊灯的摆动 → 单摆实验 → U形斜面实验 摩擦越小，小球上升越高 ← 实验事实 无摩擦，小球回到原高度 ← 逻辑推理 右边斜面放平，小球匀速 ← 数学方法、逻辑推理 2. 牛顿第一定律。		梳理知识，回顾伽利略理想实验包含的物理思维。	

（广东佛冈县佛冈中学　黄天宝）

"超重和失重"教学设计

一、教材分析：让科学思维培养内容融入教学内容

（1）教材的地位和作用：本节内容是在上一节学习牛顿第二定律的基础上进一步解释和分析超重与失重现象。超重与失重现象的知识为前面所学的牛顿第二定律的知识的延伸。本节内容包含两个知识点：一是超重与失重概念的提出及其解释，二是完全失重现象。前者重在培养学生的分析能力以及科学论证和科学推理能力，后者重在使学生了解完全失重在现实生活中的作用及影响。

（2）课程标准对本节的要求：学生能够掌握超重和失重的条件，并能用此知识点来解释一些生活中的现象。

（3）线索和特点：首先基于学生已有的知识经验，以一个引导性的问题直接引入主题，然后通过受力分析，得出物体的超重与失重的实质。教材在失重的前提下提出一个特殊情况，即完全失重。最后，教材通过一系列的实验探究与讨论让学生加深理解，使学生能对日常生活中的超重与失重现象进行解释，与现实接轨。从生活实际出发，设计贴近学生生活的实验，以此为基础，以探究为主线，让学生通过实验操作、观察来认识物理现象，经历物理实验过程，让学生用生活化的语言表述观察到的超重、失重现象，探究物理规律，再引导学生将生活语言转化成科学规范的物理语言，阐述物理规律。通过实验让学生暴露错误的前概念，理解并掌握物理概念与规律，经过构建使学生获得物理知识，形成技能，培养学生的科学思维能力。

二、学情分析：学生思维现状

（1）学生的兴趣：高一的学生正处于好奇心强、自主意识增强的阶段，教

学中要注意从生活实际入手，抓新奇、促兴趣；学生对牛顿运动定律的运用还不是很熟练，很难从理论上自主地得出超重、失重现象的运动特征。学生在理解超重、失重现象时会受到一些前概念的影响，容易把有些在生活中说的"超重"与物理学上的超重混为一谈，存在着习惯思维、先入为主的思维定式，应先培养学生理论分析的能力。

（2）学生的知识基础：学生已经学过牛顿运动定律，教学中要充分利用学生已有的知识经验，使学生积极主动地参与教学过程。

（3）学生的认知特点：一方面，学生通过生活经验已具备一些有关超重和失重现象的感性认识；另一方面，他们对物体的超重和失重现象还存在着一些错误的观念，最典型的是认为物体所受重力会改变。他们不了解其实质，也不能理性地分析和解释各种现实生活中的超重与失重问题。

（4）学生的思维现状：学生刚上高一，其理论分析能力、科学论证和科学推理能力以及模型建构能力都还有待提高。

三、教学目标：体现科学思维培养目标

（1）学生知道什么是超重和失重现象，知道什么是完全失重现象。

（2）学生知道产生超重和失重的条件。

（3）运用牛顿第二定律研究超重和失重产生的原因，培养科学推理和模型建构能力。

（4）复习巩固应用牛顿运动定律解决实际问题的办法。

（5）培养学生分析实验现象并从中得出规律的能力，尝试用科学探究的方法研究物理问题。

（6）学生通过观察一些趣味演示实验，尝试用物理原理解决生产、生活中的一些具体问题，提高学生在处理实际问题时提炼出物理模型的能力。

（7）通过探究学习活动，使学生懂得保持严谨的科学态度的重要性，增强对学生对理论联系实际的重要性的认知。

（8）通过运用超重与失重知识解释身边的物理现象，激发学生的学习兴趣，感悟生活中处处有物理。

四、教学重点、难点

1. 重点

（1）超重与失重现象产生的条件和原因。

（2）让学生运用牛顿第二定律解释超重与失重现象。

2. 难点

让学生运用牛顿第二定律解释超重与失重现象。

五、教学用具与资源

多媒体课件、体重计、铁架台、钩码、弹簧测力计、矿泉水瓶、纸杯、螺丝。

六、教学流程（见图1）

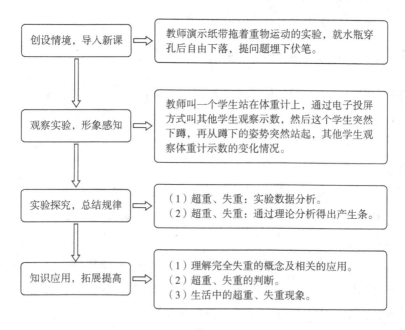

图1

七、教学过程

教学环节和教学内容	教师活动	学生活动	设计说明	科学思维培养
【创设情境，引入新课】 1. 将纸带挂在钩码下端，缓慢上升起和缓慢下降时，纸带不断，当突然加速上提时，观察现象。 2. 侧壁喷水的水瓶穿过纸筒，观察纸筒会不会湿。	教师提问：1. 为什么突然上提时纸带会断？ 2. 为什么纸筒是干的？ 教师总结，引入新课。（板书：超重和失重）	学生观察实验现象，并思考问题。	激发学生学习的欲望和好奇心，培养学生发现问题的能力，体现从生活走向物理的教学观念。	通过观察实验现象和问题的提出，培养学生科学思维中的质疑创新能力。
【提出问题，思考问题】 什么是超重现象？什么是失重现象？	教师叫一个学生站在体重秤上不动，然后投屏让其他学生观察示数。这个学生突然下蹲，其他学生再观察示数的变化。这个学生突然站起时，其他学生再观察示数。	学生经过观察体重秤示数的变化得出结论。	让学生经历解决生活中基本问题的过程，体验生活与物理的联系。	学生通过观察体重秤上的示数得出超重、失重的概念，从而培养科学思维中的科学论证的能力。
【解决问题】 1. 视重。 2. 实重。 3. 超重。 4. 失重。	启发思考：1. 秤的示数表示的是人对秤的压力，秤的示数增大表示人对秤的压力大于人的体重，这种现象叫什么？ 2. 当下蹲时，人对秤的压力小于重力的现象称为什么现象？ 3. 解决课前的问题：钩码拉纸带为什么会断？矿泉水瓶里的水去了哪里？	学生通过观察总结得出超重、失重等物理概念。	让学生通过观察总结，培养学生的物理观念、科学探究和科学思维能力。	通过观察体重计上的示数得出概念，从而培养学生科学推理和科学论证的能力。

教学环节和教学内容	教师活动	学生活动	设计说明	科学思维培养
【实验探究】产生超重、失重现象的条件。大家的桌面上都放有一个弹簧秤、一个钩码，请大家利用这两个仪器做实验，完成表格，填完表格完成思考题。	引导学生完成分组实验，提出问题：1. 上升过程可以分为哪两个阶段？2. 下降过程可以分为哪两个阶段？3. 比较超重现象和失重现象所对应的两种运动情况在本质上有什么共同特点。	学生进行分组实验，将钩码挂在弹簧测力计上，向上和向下运动，观察弹簧测力计的示数，并完成实验，填写表格。小组代表交流分析结果。	通过分组实验培养学生动手实验的能力以及合作探究精神，从而培养学生的科学探究能力和科学思维。	学生通过分组实验的数据得出超重和失重的条件，从而培养学生的科学思维中的科学推理和科学论证能力。
【思考问题】思考物体超重、失重和速度以及加速度之间的关系。	思考：1. 物体的超重和失重取决于速度还是加速度？2. 根据表格的结果得出产生超重和失重的条件是什么。	在教师的引导下，得出超重和失重的条件。	知道产生超重和失重的条件，培养学生善于观察总结的能力。培养学生的科学探究和科学思维能力。	培养学生的科学推理能力和科学论证能力。
【分析】通过实验现象分析产生超重、失重时加速度的方向。	引导学生判断产生超重和失重现象时加速度的方向。分析：出现超重现象时加速度方向都是向上的，出现失重现象时加速度方向都是向下的，速度方向可上可下。由此得出结论：物体超重、失重与加速度方向有关而与速度方向无关。物体在向上加速度时处于超重状态，物体在向下加速度时处于失重状态。	学生思考并且判断超重、失重时与加速度方向有关，与速度方向无关。	通过实验，培养学生通过观察得出结论的能力，培养学生的科学探究能力和科学思维。	通过理论分析产生超重和失重现象时的加速度方向得出结论，从而培养学生的科学推理和科学论证能力。

续表

教学环节和教学内容	教师活动	学生活动	设计说明	科学思维培养
【理论推理】超重和失重的动力学解释	提出问题：请根据牛顿第二定律分析物体超重与失重的物理原理。	学生进行受力分析，得出结论。	通过讨论，得出超重和失重的动力学解释，培养学生的科学思维。	通过分析推理得出结论，从而培养学生的科学推理、科学论证和模型建构能力。
【实践应用】1. 请根据本节所学习的知识解释课前的实验现象。2. 请同学们将两本书叠放在一起，突然放手，观察两本书有没有分离	提示学生用所学习的知识进行解释。	学生讨论交流，并亲自参与实验。	学以致用，让物理回归生活，培养学生的科学探究能力、科学思维、科学态度与责任。	运用学习的物理知识解决课前提出的问题，从而培养学生的科学论证能力。
（太空出差6个月）播放"神舟"十四号航天员的"天宫"生活视频。回答三位航天员在核心舱内处于超重还是失重状态。	和学生一起观看视频。	学生思考讨论，用所学习的知识解答问题。	通过观看"神舟"十四号航天员在太空中的生活视频，激发学生的爱国热情，培养学生的科学态度与责任。	用所学知识分析回答问题，培养学生科学思维中的科学推理和科学论证能力。

（广东阳山中学　陈　贺）

"万有引力理论的成就"教学设计

一、教材分析：让科学思维培养内容融入教学内容

本节是对万有引力定律的进一步认识，也是对"圆周运动"所涉及的基本概念和规律在理解和应用上的进一步加深。通过具体案例的分析，使学生认识到发现万有引力定律的重要意义，认识科学定律对人类探索未知世界的作用。通过具体问题的解决，引导学生建立物理模型，培养学生运用科学的思想和方法来解决实际问题的能力，同时让学生认识到万有引力定律是经过实践的检验后，才取得巨大成功的。

本节内容在开头和结尾分别引用了马克·吐温和劳厄对引力理论的精彩论述，让学生感受用物理理论探索未知世界的科学魅力，培养学生热爱科学的情感。

二、学情分析：学生思维现状

知识层面：学生已经熟练掌握匀速圆周运动的规律，通过万有引力定律的学习已经知道行星围绕中心天体运转的动力学原因，但对万有引力定律的作用和科学价值了解较少。因而，本节内容的教学重点要使学生深刻体会到科学定律对人类探索未知世界的作用，激起学生对科学探究的兴趣。

思维层面：学生已形成相关知识的物理观念，但其对建构物理模型，通过推理、分析综合得出结论的能力还比较欠缺。

三、教学目标：体现科学思维培养目标

（1）使学生了解万有引力定律在天文学上的应用。

（2）学生会用万有引力定律计算天体的质量。

（3）让学生掌握综合运用万有引力定律和圆周运动学知识分析具体问题的方法，进而培养运用理论解决实际问题的能力。

四、教学重点、难点

（1）让学生利用万有引力定律和圆周运动的规律来计算地球、太阳的质量，由此迁移发散到各种中心天体质量的计算。

（2）让学生了解用万有引力定律解决问题的思路。

五、教学用具与资源

PPT 课件。

六、教学流程

（1）引入：问题引入，如何测量地球质量？

（2）使学生初步掌握求解中心天体质量的思路和通过探索未知天体了解万有引力定律的重要地位。

（3）总结求解中心天体质量的思路，完成对太阳系的探索。

七、教学过程

教学环节	教师活动	学生活动	设计说明	科学思维培养
问题引入	【问题1】行星与卫星的运动可看成什么运动？ 【问题2】什么力提供向心力？ 【问题3】称量物体的质量，通常用天平或台秤称量，如何称量地球的质量？能用天平称量地球的质量吗？	模型：将行星或卫星的运动看成匀速圆周运动。 动力学：万有引力提供天体运动的向心力。 $G\dfrac{Mm}{r^2}=ma=m\dfrac{v^2}{r}=m\omega^2 r=m\dfrac{4\pi^2}{T^2}r$	设置问题，激发学生的兴趣和思考。	

教学环节	教师活动	学生活动	设计说明	科学思维培养
一、求中心天体的质量	【情境1】 1798年6月，卡文迪许在英国皇家学会期刊发表《测量地球密度的实验》一文，测量得到引力常量 G 的数值，计算了地球的质量。卡文迪许是如何测量地球质量的？ 【情境2】 投影太阳系模型图，介绍太阳系质量分布情况。太阳是一颗气体恒星，靠引力使气体聚集。太阳质量占据太阳系总质量的99.86%。 【问题1】能使用计算地球质量的方法计算太阳的质量吗？若能，需要测量哪些物理量？ 【问题2】如何计算太阳的质量？行星绕着太阳运动，行星做圆周运动的向心力由什么力提供？这个力与太阳质量有关吗？ 【问题3】天文观测能测量地球绕太阳运动的周期 T 和太阳到地球的距离 r。根据太阳对行星的吸引力	【例1】当时已知地球的半径 R 和地球表面重力加速度 g，在卡文迪许测出引力常量 G 的情况下，就可求出地球的质量 M。 【解释】物体在地球表面，忽略地球自转的影响，可认为物体的重力等于万有引力。 $$mg = G\frac{mm_{地}}{R^2} \Rightarrow m_{地} = \frac{gR^2}{G}$$ 代入数据 $g = 9.8\,m/s^2$，$R = 6.4 \times 10^6 m$ 得：$M = 6.0 \times 10^{24}\,kg$，所以卡文迪许被称为"第一个称量地球质量的人"。 【构建模型】建立地球绕太阳匀速圆周运动模型，太阳对地球的吸引力提供向心力， $$\frac{Gmm_{太}}{r^2} = m\frac{4\pi^2}{T^2}r$$ 解得太阳质量为 $m_{太} = \frac{4\pi^2 r^3}{GT^2}$ 【学生思考与讨论】 (1) 计算太阳质量，需要测量地球质量吗？ (2) 不同行星轨道半径 r 和周期 T 不同，使用不同行星的数据，计算出的太阳质量相同吗？为什么？	通过提供相关材料，引导学生总结求解中心天体质量的思路，完成方法的初步感悟和梳理。 培养学生物理模型构建能力。 培养学生分析归纳能力，模型迁移运用的能力。	推理、分析归纳能力。 模型构建。 迁移能力。

教学环节	教师活动	学生活动	设计说明	科学思维培养
一、求中心天体的质量	提供行星做圆周运动的向心力，你能推导出计算太阳质量的表达式吗？式中的物理量分别代表什么？	（3）行星大多有卫星绕其进行运动。能运用卫星绕行星做圆周运动，计算行星的质量吗？		
二、学以致用	【问题 1】用火箭把宇航员送到月球上，如果他已知月球的半径，那么他用一个弹簧测力计和一个已知质量的砝码，能否测出月球的质量？应怎么测定？ 【问题 2】还有其他方法吗？	【学生推导】 $$F = G\frac{Mm}{r^2} \Rightarrow M = \frac{Fr^2}{Gm}$$ 【练习】月球绕地球一周为 $T = 27.3\text{d}$，月地平均距离为 $r = 38$ 万千米。如何求地球的质量？若地球半径 $R = 6400$ 千米，求出地球的平均密度。	学以致用，检测学生对建模的掌握情况。学生还要熟悉日常生活中的常用量。	
三、其他成就	成就一：发现未知天体。 1781 年，英国天文学家威廉·赫歇尔爵士利用望远镜发现一颗新的行星——天王星。经过长期观测，发现天王星的轨道与根据万有引力定律计算出来的轨道有偏差。 成就二：预言哈雷彗星回归。	学生自主阅读教材，了解海王星和哈雷彗星的发现过程。 【学生思考与讨论】 （1）观测结果与理论计算结果不符，你认为原因可能是什么？有哪些可能性？ （2）如何验证猜想是否正确？ （3）从海王星的发现历程中，你有何感悟？一个科学假设如何才能成为一个科学理论并被广泛接受。	1. 对运用万有引力定律处理天体问题的思路和方法有更深层次的体会。 2. 体会科学定律对人类探索未知世界的作用，激发学生学习兴趣和对科学的热爱之情。	科学态度与责任。
四、课堂小结	一个模型：将行星或卫星的公转运动看成匀速圆周运动。 两个思路： 1. 万有引力提供天体运动的向心力。 $$G\frac{Mm}{r^2} = ma = m\frac{v^2}{r} = m\omega^2 r = m\frac{4\pi^2}{T^2}r$$			

教学环节	教师活动	学生活动	设计说明	科学思维培养
四、课堂 小结	2. 在球体表面附近万有引力等于重力（$F_{引} = G$）。 $mg = G\dfrac{mm_{地}}{R^2}$			
五、作业	1. 课本 P58 的第 1、2、3、4 题。 2. 拓展作业： 太阳系各行星几乎在同一平面内沿同一方向绕太阳做圆周运动。当地球恰好运行到某地外行星和太阳之间，且三者几乎排成一条直线的现象，天文学称之为"行星冲日"。 请查阅资料"今年哪天出现'行星冲日'现象"，试计算明年哪天出现"行星冲日"现象			

（广州市执信中学　兰海舰）

"势能"教学设计

一、教材分析

1. 教材的地位与作用

本节是粤教版必修二第四章《机械能及其守恒定律》的第四节内容，要求学生在已经学习"功"和"动能与动能定理"的基础上，从物理学的视角认识势能，理解重力做功与重力势能的关系，得出重力势能的定量表达式，理解重力势能的相对性，定性了解弹性势能，通过理解势能的共同属性，进一步丰富学生对能的认识。

2. 课程标准的要求

学生能理解重力势能，知道重力势能的变化与重力做功的关系；定性了解弹性势能。

3. 教材内容与编排

教材从生活中的例子引出课题，通过创设物理模型，研究重力做功的特点，然后利用功能关系探究重力势能的概念和表达式，再利用书柜的例子引导学生讨论参考平面对重力势能的意义。使学生最后在理解重力势能的基础上，认识弹性势能，通过对两种势能的理解，归纳势能的概念。

二、学情分析

学生在初中已经学习了重力势能和弹性势能的相关知识，能从定性的角度认识两种形式的势能；进入高中已经学习了力与运动的关系，运动中力做功与能量变化的关系。但是学生对重力势能和弹性势能的本质特征理解不透彻，没有形成重力势能的定量表达，基于事实的建模能力较弱。

三、教学目标

物理观念：学生形成势能的系统共有和与相对位置有关的物理观念。

科学思维：通过分析重力做功的实例，让学生体会模型建构和微元的思想；理解处理重力势能做功与路径无关的归一思想。

科学探究：通过实验探究分析归纳出弹性势能的影响因素，让学生定性了解弹性势能。

科学态度与责任：在理论探究和实验探究中帮助学生形成严肃认真的科学态度。

四、教学重点、难点

1. 教学重点
学生对重力做功与重力势能变化的关系和重力势能表达式的理解。

2. 教学难点
学生对微元法的渗透和重力势能的相对性的理解。

五、教学用具与资源

多媒体、玩具青蛙和橡皮筋动力飞机、铁架台、弹簧（两根劲度系数不同）、处理过的塑料瓶（两个）。

六、教学流程（见图1）

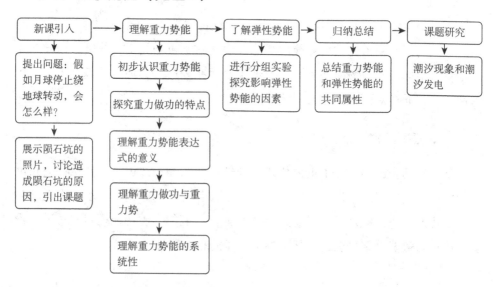

图1

七、教学过程

教学环节	教师活动	学生活动	设计说明	科学思维培养
新课引入	1. 提出问题：假如月球停止绕地球转动，会怎么样？ 2. 展示陨石坑的照片，讨论造成陨石坑的原因，引出能量转化的课题	1. 根据地月情境假设进行思想实验； 2. 回顾初中关于能量的知识	通过学生对科学知识的好奇心，激发思维碰撞，引导学生进行思想实验	引导学生从物理学的视角分析和认识势能
理解重力势能	初步认识重力势能。 问题1：重力势能的大小与哪些因素有关？ 问题2：物体下降时，重力做功，重力势能；物体被举高时，重力做功，重力势能	回顾初中关于重力势能的相关知识	为学生进一步认识重力势能做知识准备	为学生势能概念的顺应提供基础
	探究重力做功的特点。 问题3：从天桥路面到地面有三种选择，这三种情况下重力对人做功是多少？ 问题4：请同学们画出图示，分析图中小球从A点到B点过程中重力做功的情况	明确研究问题，建立模型，推导重力做功的表达式，并从中总结规律	使学生能建立模型，从功能关系的角度类比出重力势能的表达式。 让学生认识重力做功特点，为引出重力势能的概念做准备	培养学生运用科学方法进一步总结重力做功的特点；在归纳重力做功只跟初末位置的高度差有关，而跟路径无关时培养学生归一的科学思维
	根据对重力做功特点的研究，结合功能关系，总结重力势能的概念和表达式，解释表达式中各物理量的意义。 问题5：重力势能的表达式是怎样的？	1. 利用重力势能的表达式计算例题中鸡蛋的重力势能。 2. 观看视频，了解高空抛物的危害性	让学生定量认识重力势能	让学生基于经验和事实建构物理模型，经过科学推理，得出结论

125

教学环节	教师活动	学生活动	设计说明	科学思维培养
理解重力势能	展示例题，计算鸡蛋的重力势能，并播放视频，联系生活实际，教育学生不能高空抛物。 问题6：重力势能如何确定？ 通过例2引出参考平面的讨论，总结参考平面的意义	3. 通过例2认识参考平面的意义		
	重力做功与重力势能变化的关系。 问题7：重力做功与重力势能的变化关系？	计算例2中重力做功的数值，并与重力势能变化比较	引导学生计算例2中重力做功的数值并与重力势能变化做对比，总结重力做功与重力势能变化的关系	使学生运用分析和综合的方法，推断结论应用的场景
	重力势能的系统性。 问题8：没有了重力，有没有重力势能？	思考失去了重力的情况下重力做功情况，继而得出重力势能是物体与地球共有的系统性	没有了重力，也就没有重力做功，就不存在重力势能，重力势能是地球与物体所组成的系统共有的，而不是地球上的物体单独具有的	基于科学推理，让学生对之前的结论提出质疑和批判，对结论进行检验和修正
了解弹性势能	1. 结合生活例子引出弹性势能。 2. 通过学生实验总结影响弹性势能的因素。 3. 利用例3，结合生活实际解释弹力做功与弹力的关系	进行分组探究实验，探究影响弹性势能的因素	让学生结合重力势能，归纳总结势能的特点	基于实验结论定性让学生对弹性势能的影响因素进行科学推理

教学环节	教师活动	学生活动	设计说明	科学思维培养
归纳总结	总结重力势能和弹性势能	分析重力势能和弹性势能的本质不同和共同属性	使学生从本质属性和共同属性两个维度理解势能的概念，构建知识脉络	抓住势能的本质属性，培养学生的归纳意识
课题研究	潮汐现象和潮汐发电	课后完成	让学生运用本节形成的物理观念，解决问题	让学生运用所学知识创造性地解决问题

（广东清远市第二中学　王兵兵）

"动量定理"教学设计

一、教材分析

"动量定理"是粤教版选择性必修一第一章第二节的内容。本节分析了物体在不为零的合力作用下，任意一段时间内物体的动量和合力作用之间的关系。并利用牛顿第二定律和运动学公式推导出动量定理，即物体所受合力的冲量等于物体动量的改变量。物体所受的合力可以是恒定的外力，也可以是随时间的变化而变化的变力，然后通过举例说明动量定理在生产和生活中有很多应用。通过气垫、安全带之类生活情境的创设总结动量定理在生产和生活中的指导作用。

二、学情分析

上一节课学生对动量和冲量两个概念有了初步的认识，对它们的矢量性也有了初步的了解，这一节是由牛顿第二定律推导出动能定理，它的推导过程和上一节引入动量概念的过程基本相同，区别在于初速度是否为零，所以学生对这个过程还是容易接受的。本节课教师要强调动量定理的文字表述，只有理解了文字表述，才能正确应用动量定理来解释生产和生活中的具体例子。另外需要强调的是动量和冲量的矢量性，要通过例题给学生示范如何选取正方向，如何在确定正方向的前提下给冲量和动量取正负号，并让学生解释计算结果的正负号的含义。

三、教学目标

1. 物理观念

学生能由牛顿运动定律和运动学公式推导出动量定理或表达式；理解动量

定理的确切含义和表达式，知道动量定理适用于变力；会用动量定理解释现象和处理有关的问题。

2. 科学思维

学生能从理论和实验两个方面推导、验证动量定理，能灵活、正确地使用图像法、实验法等研究问题的思维方法；能用动量定理分析多种"缓冲"类实际问题，让学生通过解决碰撞类等原始问题经历模型构建、规律选择、反思批判等思维的过程，提升思维能力；认识物理模型在物理学中的作用。

3. 科学探究

学生能用类比法建立冲量概念，推导得出动量定理；通过探究得出动量定理也适用于物体受到变力作用的情形；能在实验中收集数据、信息处理、分析论证、得出结论，领悟科学研究的基本方法，培养学生乐于交流的合作精神，使其在交流合作中发展能力，并形成良好的学习习惯和研究品质。

4. 科学态度与责任

学生能用动量定理解释生活现象和实际问题，在基于证据和逻辑的问题探究中发表自己的见解；通过课本中"科学漫步：汽车碰撞试验"的实例分析强化社会责任和安全意识；让学生阅读课本中的"科学足迹：历史上关于运动度量的争论"，了解物理学发展历程及科学概念的建立并非一蹴而就，激发他们学习物理的积极性，培养学生的情感、态度与价值观。

四、重难点分析

1. 教学重点

（1）学生对动量定理的推导和理解。

（2）让学生利用动量定理解释有关现象。

2. 教学难点

（1）使学生理解动量定理的确切含义。

（2）学生对动量定理的应用。

五、教学过程

教学环节和教学内容	学生活动	设计意图
新课导入： 通过实验"徒手拍砖"实验，将砖平放在地面上，用手很难拍断；对比演示半放在地面边缘，可以轻易拍断，引起学生的兴趣	学生观察实验，并思考两种情境下为什么结果会不同	用一个比较有趣的实验，激发学生对学习探索的兴趣
新课授课： 先回顾冲量和动量的知识，思考动量与冲量的关系。 一、理论推导动量定理： 如图，一个物体质量为 m，初速度为 v_0，在恒定合力 F 的作用下，经过一段时间 t，如何使速度变为 v_t？ 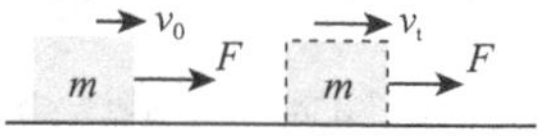 $\xrightarrow{v_0}$ m $\xrightarrow{F}$　$\xrightarrow{v_t}$ m $\xrightarrow{F}$ 动量定理推导：$F = ma$ $$a = \frac{v_t - v_0}{t}$$ 得到 $Ft = mv_t - mv_0$。 实验验证动量定理： 小车质量为 m，小桶质量为 m_1，挡光片长度为 d，通过光电门 1 的时间为 t_1，通过光电门 2 的时间为 t_2，通过两个光电门时间为 t_{12}。 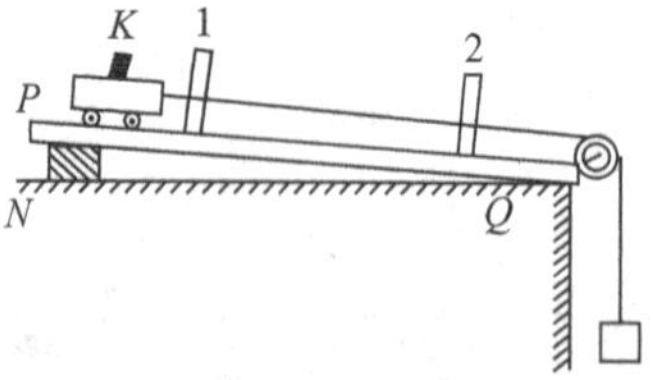 所受合力的冲量：$I = m_1 g t_{12}$ 动量变化量 Δp：$\Delta p = (m + m_1)\left(\dfrac{d}{t_2} - \dfrac{d}{t_2}\right)$。	学生回顾动量和冲量的知识 学生根据情景尝试推导动量变化与冲量的关系 学生观察实验，思考实验原理，并得出实验步骤 学生观察实验数据，总结出实验结论	使学生巩固以前所学的知识 通过理论推导来培养学生的科学思维能力 通过验证实验来培养学生实验探究的精神

教学环节和教学内容	学生活动	设计意图
通过传感器实验查看数据，在误差允许的情况下，动量守恒。 二、动量定理的内容 1. 定义：物体所受合力的冲量等于物体动量的改变量。 2. 表达式：$Ft = mv_t - mv_0$ 或 $I_合 = \Delta p$，F 是物体所受的合力。 3. 理解： （1）表明合外力的冲量是动量变化的原因； （2）动量定理是矢量式，合外力的冲量方向与物体动量变化的方向相同。	学生认真听讲并跟随老师的听讲	培养学生形成对动量定理的物理观念的认知
三、动量定理的应用 例题2：如果一个质量为50g的鸡蛋从16楼自由下落，每层楼高3m，落到地面，与地面的碰撞时间一般0.002s左右，鸡蛋对地面的平均冲力大小约等于多少？（不计空气阻力，g 为 10m/s^2） 通过数据发现高空掷物的危害，进行安全教育， 同时得到：$F = \dfrac{\Delta p}{\Delta t}$。	学生在课堂上推导结果，并初步判断高空抛物的危害，从而培养其安全意识	通过创设情境的问题，来培养学生科学思维解决问题的能力，通过解决生活中的问题，培养学生的科学态度与责任
Δt 一定，Δp 越大则 ΔF 越大， 同时举例气垫、安全带等例子，说出缓冲装置的原理：Δp 一定，t 长则 F 小； 情景回归：应用动量定理解释为什么能拍断砖。 原理：Δp 一定，t 长则 F 小；t 短则 F 大 课堂练习： 例题3：飞鸟的质量为1kg，飞鸟的速度大小为20m/s，飞机的速度大小为200m/s，飞鸟与飞机的撞击时间为0.01s，请估算飞机受到飞鸟的撞击力大小。 四、动量定理的解题步骤 1. 确定研究对象、物理过程，规定正方向；	学生思考生活中的例子，尝试用动量定理来解释缓冲装置的原理。并可以用来解释徒手拍砖的原理 学生通过例题分析，尝试总结动量定理的解题步骤	培养学生解决实际问题的能力 通过例题的推导培养学生运动动量定理解题步骤的科学思维

教学环节和教学内容	学生活动	设计意图
2. 正确进行受力分析、冲量分析（是否共线），求合外力冲量； 3. 初末状态分析，确定初末状态即初末动量； 4. 根据动量定理列方程，统一单位后代入数据求解		
课堂小结		巩固学生所学知识

（广州市第五中学　王宝方）

"单摆"教学设计

一、教材分析

"单摆"是人教版普通高中教科书物理选择性必修第一册第二章第4节的内容。在学习"单摆"之前，学生学习了简谐运动及其图像，简谐运动的振幅、周期、频率以及回复力和能量等内容，本节是简谐运动的应用实例。通过学习受力和运动情况均较为复杂的单摆，促进学生对简谐运动规律的进一步理解和应用，丰富学生的运动与相互作用观念。教材以"单摆的摆动是否为简谐运动"作为问题启发学生思考，通过对单摆回复力的分析推导和"做一做"观察墨汁图样的实验，丰富了学生的学习经历和知识形成过程。通过对较为复杂的单摆的相关问题进行分析和推理，促进学生科学思维的发展。在探究单摆周期与摆长的关系时，先用控制变量法定性研究，再用图像法处理数据获得定量结果，提升了学生科学探究的能力。

二、学情分析

学生已经掌握了简谐运动的特点及从运动角度和受力角度证明简谐运动的两种方法，这为学生"单摆"的学习打下了扎实的理论和实验基础，符合学生的认知规律，有利于学生的学习。该课内容也存在令学生困惑的地方，如单摆为什么在小角度的时候可看作简谐运动、回复力的方向如何确定。

三、教学目标

（1）使学生知道单摆是一种理想化模型，理解单摆模型的条件，能将实际问题中的对象和过程转化为单摆模型。

（2）学生能通过理论推导，判定单摆小角度振动时的运动特点。

（3）学生在探究单摆的周期与摆长的定量关系时，能分析数据、发现规律、形成合理的结论，能运用已有的物理知识解释相关现象。

（4）学生知道单摆周期与摆长、重力加速度的关系，能运用其解决相关实际问题。

四、教学重点、难点

1. 教学重点

使学生通过对单摆运动规律和单摆周期公式的探究，单摆简谐运动模型的建立，体会运动与相互作用观念。

2. 教学难点

学生对单摆回复力的判定以及对小角度的近似处理，教学过程中渗透极限思维。

五、教学用具与资源

多媒体投影仪、铁架台、铁夹、秒表、米尺、游标卡尺、不同规格的摆球若干、细线若干。

六、教学流程（见图1）

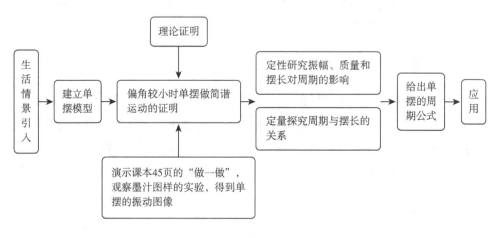

图 1

七、教学过程

教学环节	教师活动	学生活动	设计说明	科学思维培养
情景引入	图片展示（或视频）：回荡的秋千、来回运动的钟摆。 提问：它们有什么共同的特点？ 有一个共同特点：都是悬挂物在竖直面内的往复运动——摆动	学生观察、思考、讨论、回答	从实际生活情景出发，激发学生思考，引出新课内容	引导学生通过真实情境建立物理知识与实际的联系
新课教学	一、单摆模型的建立 生活中有各种各样的摆，现在我们需要一个最简单的摆来便于我们研究其运动规律，我们要怎样选择？球的体积是大的好还是小的好？ 教师：同样大小的乒乓球、木球、铁球，你选哪个？为什么？ 教师：同样质量的大铁球和小铁球，你选哪个？为什么？ 教师：线呢？粗棉线、橡皮筋还是细棉线呢？ 教师：请各位同学总结一下，便于研究运动规律的摆应该怎样选择？ 教师：对，如果再理想一点，把摆的质量集中在小球中心，运动过程中忽略空气阻力，摆线的质量与小球相比也忽略不计，选择质量大、体积小的球和尽量细、不可伸长的线，	学生思考讨论回答； 学生：大的好，容易观察。 学生：铁球好，空气阻力影响小。 学生：小铁球，阻力小。 学生：细棉线。 学生讨论：选线细长、质量大、体积小的球。 学生思考，掌握单摆的"理想化"特点。	本环节以选出最简单的摆为起点来设计教学活动，设置驱动问题，遵循"突出主要因素，忽略次要因素，便于研究"的原则，启发学生思考，并积极融入课堂，总结出单摆的定义，使学生经历了感性的认识过程，体会到了理想化模型的建立过程，从而能够更好地认识单摆	1. 培养学生抽象概括能力，忽略次要因素，建立理想模型的科学思维； 2. 使学生能对常见的物理现象进行分析和推理，获得结论并作出解释； 3. 增强学生的模型建构能力，有利于更好地培养学生的科学思维能力

教学环节	教师活动	学生活动	设计说明	科学思维培养
情景引入	这样理想化的装置就叫作单摆，单摆是实际摆的理想化模型。 教师：引导学生明确单摆摆长、摆角、周期等概念。 摆长：悬点到球心的距离。 摆角：摆到最高点时，摆线与竖直方向的夹角。 	学生明确、理解单摆摆长、摆角、周期等概念		
	二、单摆的运动 演示：用力将摆球拉离平衡位置，使摆线与竖直方向成一角度，然后释放，并用动画模拟摆球的运动。 教师：观察单摆的摆动，可以看到摆球在最低点两侧做往复运动，所以它的运动是机械振动。那是不是最简单的简谐运动？如何判断？ 引导学生回忆前几节课学习到的判断简谐运动的方法： （1）根据回复力的规律 $F = -kx$ 去判断（看回复力与摆球的位移是否成正比并且方向相反）； （2）根据物体的振动的位移—时间图像去判断（看单摆的位移与时间是否满足正弦关系）。	学生回忆、回答判断机械振动是简谐运动的两种方法： （1）根据回复力的规律 $F = -kx$ 去判断； （2）根据物体的振动的位移—时间图像去判断。	通过提问引发学生的思维和讨论；通过对摆球的受力分析，明确单摆回复力的来源，提高学生自主分析问题的能力。	提高学生自主分析问题的能力和推理能力，培养学生的科学思维。

教学环节	教师活动	学生活动	设计说明	科学思维培养
情景引入	教师：下面我们就用第一种方法来判断，首先思考以下几个问题： ①摆球的平衡位置在哪里？ ②当摆球摆到 P 点时，摆球受到几个力？谁提供摆球的回复力？回复力大小是多少？方向怎样？ ③尝试证明单摆的回复力满足 $F = -kx$ 的形式。 教师：引导学生得出：当 θ 很小时，弧长 OP 与弦长大小近似相等，很容易得出 $$\theta = \frac{OP}{l} \approx \frac{x}{l}$$	学生思考回答： ①最低位置； ②摆球受重力、绳的拉力 T；重力沿圆弧切线方向的分力 F 来提供回复力，回复力大小：$F_回 = mg\sin\theta$。 小组讨论，学生尝试证明单摆的回复力满足 $F = -kx$ 的形式。	让学生经历探究的过程，提高学生合作学习、探究学习的能力，更利于学生对知识的全面掌握和深刻理解。	

137

教学环节	教师活动	学生活动	设计说明	科学思维培养
情景引入	用多媒体展示正弦与角度弧度制的大小关系：

角度	3	4	5	10	15
θ	0.0532	0.0699	0.0873	0.1745	0.2618
$\sin\theta$	0.0532	0.0698	0.0872	0.1736	0.2588

根据给出的数据学生很容易看到当摆角小于 5° 时，$\sin\theta \approx \theta$（弧度值），故有：
$F = G_1 = mg\sin\theta \approx mg\theta \approx mg \dfrac{x}{L}$ 位移方向与回复力方向相反

$F_{回} = -\dfrac{mg}{L}x$

令 $k = \dfrac{mg}{L}$

$F_{回} = -kx$

结论：摆角 $\theta < 5°$ 的单摆运动可认为是简谐运动。
方法二：
单摆摆动的位移—时间图像定性研究。
如图，细线下悬挂一个除去了柱塞的注射器，注射器内装上墨汁。当注射器小角度摆动时，沿着垂直于摆动的方向匀速拖动木板，观察喷在木板上的墨汁图样，通过正弦函数拟合，证明其是正弦函数。

 | 师生合作，证明单摆的回复力满足 $F = -kx$ 的形式，得出结论

学生观察喷在木板上的墨汁图样，分析单摆的位移—时间图像 | 通过观察实验，让结论更加直观，便于学生理解记忆 | 使学生能够进行单摆回复力的判定以及对小角度的近似处理，在教学中渗透极限思维

从回复力角度推导出单摆小角度摆动时做简谐运动，让学生亲历了抓住主要矛盾、忽略次要矛盾的科学思维过程，也培养了学生的创造性思维和科学推理能力。此外，学生能恰当使用证据表达自己的观点，建构完整论证的意识和能力 |

教学环节	教师活动	学生活动	设计说明	科学思维培养
	结论：单摆在小角度运动时，大家可以看到单摆运动的位移—时间图像是正弦函数，所以单摆运动是简谐运动。 综上，在摆角很小（$\theta < 5°$）的情况下，单摆做简谐振动		让学生体会 $x - t$ 图像，从另一角度判断单摆的运动是简谐振动模型	利用获得的 $x - t$ 图像，通过分析，说明其是正弦函数，培养了学生科学论证的能力
情景引入	三、单摆的周期 实物演示：不同的单摆，周期不同。 提出问题：单摆的周期与哪些因素有关呢? 猜想或假设： 根据演示，引导学生猜想单摆振动的周期可能与摆球质量、振幅、摆长有关；设计实验，定性研究。 因研究的问题涉及的因素较多，所以需采用控制变量法。 在铁架台的横梁上固定两个单摆，依次按照两摆的振幅不同（都在小偏角下）、质量不同、摆长不同，把它们拉起一定角度后同时释放，观察两摆的振动周期。	学生观察，根据实际情况进行猜想或假设 学生思考、讨论，设计实验；同步设计实验数据记录的表格		

续 表

教学环节	教师活动	学生活动	设计说明	科学思维培养
情景引入	<table><tr><td>不变量</td><td>变量</td><td>单摆的周期 T</td></tr><tr><td>摆幅质量 m、摆长 l</td><td>振幅 A 大</td><td></td></tr><tr><td></td><td>振幅 A 小</td><td></td></tr><tr><td>摆球质量 m、振幅 A</td><td>摆长 l 大</td><td></td></tr><tr><td></td><td>摆长 l 小</td><td></td></tr><tr><td>振幅 A、 摆长 l</td><td>摆球质量 m 大</td><td></td></tr><tr><td></td><td>摆球质量 m 小</td><td></td></tr></table> 实验结论：在同一个地方，单摆周期 T 与摆球质量和振幅无关，仅与摆长 l 有关，且摆长越长，周期越大。 定量探究：此处采取学生分小组实验的方法，探究不同摆长与周期的定量关系。（可利用手机投屏技术展示学生的探究过程） 结论：单摆做简谐运动的周期 T 与摆长 L 的二次方根成正比。 荷兰物理学家惠更斯研究了单摆的摆动，定量得到：单摆做简谐运动的周期 T 与摆长 L 的二次方根成正比，与重力加速度 g 的二次方根成反比，与振幅、摆球质量无关。 单摆的周期公式：$T = 2\pi\sqrt{\dfrac{L}{g}}$ 理论推导：教师可进一步引导学生联立简谐运动的周期公式与单摆所受的回复力公式推导单摆的周期公式。如下： $F = -\dfrac{mg}{l}x$	学生观察，记录实验现象，定性分析，得出实验结论 学生分组实验，探究不同摆长与周期的定量关系，对实验数据进行分析，用计算机数据拟合图像，归纳得出定量探究的实验结论	引导学生定性探究之前先制订方案，理解实验原理，培养学生的探究素养 学生同步设计实验数据记录的表格，在设计表格过程中可以把实验的思路变得更清晰 此处采取教师演示实验的方式，使学生观察，定性分析得出结论方式，实验效果明显高效，学生恍然大悟，周期与质量、振幅两项因素无关	首先提出单摆的周期可能与哪些因素有关，让学生自主猜想，再让学生考虑如何去获取证据验证这些猜想，并设计出验证的实验方案，从中体会研究的过程和方法，发展学生的创造性思维、发散性思维、科学论证、质疑创新等能力。 在获得结论的过程中提高了学生归纳总结的能力，培养了学生的探究学习能力、分析能力和概括能力。 通过从定性和定量两个方面分析单摆的周期与哪些物理量的关系进行归纳推理，提升了学生的科学思维能力，培养了学生的科学探究能力

教学环节	教师活动	学生活动	设计说明	科学思维培养
	$k = \dfrac{mg}{l}$ $T = 2\pi\sqrt{\dfrac{m}{k}}$ 得 $T = 2\pi\sqrt{\dfrac{L}{g}}$	学生联立简谐运动的周期公式与单摆所受的回复力公式,进行单摆周期公式的推导	通过实验探究,提高了学生的实验探究能力和归纳总结能力,培养了学生动手实验、数据分析、合作交流等科学探究的能力,增强了学生的成就感	单摆周期公式的讲解与推导,培养了学生的科学思维
情景引入	四、单摆周期的应用 (1)计时器:利用等时性 单摆周期的这种周期和振幅无关的性质,叫作等时性。单摆的等时性首先是由伽利略从观察教堂的灯的摆动时发现的。 在 1656 年惠更斯首先利用摆的等时性发明了带摆的计时器(1657 年获得专利权)。 周期 $T = 2s$ 的单摆叫作秒摆。 (2)测定当地的重力加速度。 $T = 2\pi\sqrt{\dfrac{l}{g}}$ 得 $g = \dfrac{4\pi^2 l}{T^2}$ 测出单摆的摆长和周期就可求重力加速度。 课堂小结:引导学生回顾本节课的内容,多媒体展示本节课主要内容。 1. 单摆是一种理想化的振动模型,单摆振动的回复力是由摆球重力沿圆弧切线方向的分力 $mg\sin\theta$ 提供的;	学生了解相关的应用,知道科学、技术、社会、环境存在相互联系,学以致用	让学生学以致用,知道物理知识在生活、科技中的应用,提高学生的学习积极性	

续 表

教学环节	教师活动	学生活动	设计说明	科学思维培养
情景引入	2. 在摆角小于 5° 时，回复力 $F = -\dfrac{mg}{l}x$，单摆的振动可看成简谐运动； 3. 单摆的振动周期跟振幅、摆球质量的大小无关，跟摆长的平方根成正比，跟重力加速度的平方根成反比，即 $T = 2\pi\sqrt{\dfrac{L}{g}}$	学生回忆，整理，做好思维导图	锻炼学生的概括归纳能力	
课堂小结，巩固提升	随堂练习：一个摆长为 2m 的单摆，在地球上某地振动时，测得完成 100 次全振动所用的时间为 284s。 （1）求当地的重力加速度 g 的大小； （2）把该单摆拿到月球上去，已知月球上的重力加速度是 1.60m/s²，则该单摆振动周期是多少？ 解析：（1）周期 $T = \dfrac{t}{n} = \dfrac{284}{100}\text{s} = 2.84\text{s}$ 由周期公式 $T = 2\pi\sqrt{\dfrac{L}{g}}$ 得 $g = \dfrac{4\pi^2 r}{T^2} = \dfrac{4 \times 3.14^2 \times 2}{2.84^2}\text{m/s}^2 = 9.78\text{m/s}^2$。 $T' = 2\pi\sqrt{\dfrac{L}{g}} = 2 \times 3.14 \times \sqrt{\dfrac{2}{1.6}}\text{s} = 7.02\text{s}$	学生完成课堂练习，展示交流答案	通过课堂练习，让学生巩固本节教学内容	

续　表

教学环节	教师活动	学生活动	设计说明	科学思维培养
布置作业	课后作业： 1. 完成教材 P47 习题 1、2、3、4； 2. 实验设计：利用单摆测某地的重力加速度		通过作业布置，让学生巩固本节教学内容	为进一步培养学生的科学思维，教师布置课后问题启发学生思考

（广东梅县东山中学　罗丽兰）

"闭合电路欧姆定律"教学设计

一、学习目标

素养类别、知识属性、学习目标的统计如表1所示。

表1

素养类别	知识属性	学习目标
物理观念	物理概念	1. 让学生掌握电源的概念和电阻的本质
		2. 让学生掌握电动势的物理意义，理解电动势与电压的区别
	物理规律	3. 让学生理解推导闭合电路欧姆定律的过程及其适用条件
	物理术语	4. 让学生掌握外电路、路端电压、内电路、内电压相互间的关系和区别
科学思维	方法	使学生掌握根据闭合电路欧姆定律、部分电路欧姆定律、串并联电路规律、分析和电路参量及其动态变化情况的方法（支路参量变化—电流变化—内电压变化—外电压变化—支路参量变化）
科学探究		
科学态度与责任	实证与推理相结合	闭合电路欧姆定律本属实验定律，本节课通过能量守恒角度，对其进行分析，让学生体会实验规律与理论推导的统一
	尊重事实，崇尚科学	通过生活实践情境角度的课堂例题，将闭合电路欧姆定律学以致用，体现生活与科学密不可分，教会学生用科学眼光观察分析生活问题

二、教材分析

本节教材的知识基础，来自两个方面：

（1）学生在初中阶段，已经具备对电源、串并联电路、电阻、电压等概念的认识，并知道物理量之间的基本关系——部分电路欧姆定律。但学生对以上知识和方法的储备，仅限于对上述现象和现象上存在的基本规律的感性认识，缺乏对其物理本质的深刻的理性理解。诸如什么是电源，什么是电路，什么是电阻、电压，学生对其的理解并不深刻。在此层面，电和力是完全不相干的两个知识领域。

（2）高中一年级阶段的力、功、能量的学习，高二选修第一章1.2节"电场"的学习，使学生对电现象的力学性质有了充分的认识。学生能够研究个体带电粒子在电场中运动遵循的物理规律，并能从力、运动、能量三个角度对其进行分析和研究。

本节内容以上述知识为基础，要实现三个方面的知识发展。

（1）学生能提出电动势概念，揭示电路工作过程背后的力学本质，实现电和力的知识的融合统一。

（2）学生可以将研究对象由部分电路扩展到闭合电路，将理想电源扩展到一般电源，将电压概念扩展到电动势概念，使研究对象由特殊性向一般性、普遍性扩展。

（3）学生能利用闭合电路欧姆定律，进行全电路、复杂结构的参量计算。

三、教学思路（见图1）

图1

四、教学过程

任务一：电阻、电动势概念和本质的理解。

问题情境：如图2所示，设想有两电极 A、B 之间存在电势差（例如：已充电的电容器），$U_{AB} = \varphi_A - \varphi_B > 0$。

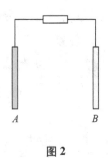

图2

问题1：当我们用电阻和导线连接 A、B 时，会出现什么情况？

两极间的电场力对自由电荷做功，使其由 B 向 A 发生定向运动，且获得定向运动的动能。途中又与其他粒子碰撞，将其动能转化为其他粒子的动能（体现为焦耳热释放）。在此过程中，自由电荷受到电场力的影响，同时不断受到碰撞。其运动可视为一个速率恒定的运动，此速率即漂移速率（电流微观表达式 $I = nqsv$ 中的 v）。这种碰撞作用，宏观上表现为电阻。碰撞后，自由电荷将自己的动能传递给电阻中的其他粒子（原子或者分子），分子运动加剧，宏观上表现为温度升高，即产生焦耳热。

等到自由电子移动，导致两极间电势差消失时，电流也随之消失。这是一个非常短暂的过程。

问题2：如果我们希望两极间连接的电阻上有持续的电流流过，可以采用什么方法？

设想一个装置，源源不断地将 B 板上的正自由电荷搬运至 A，以补偿 A 上经电阻流向 B 的电荷，即可保持 A、B 间有稳定的电势差，保持电阻上有持续的电流流过。这时，A、B 两极及其搬运电荷的装置，就构成电源。显然，将正电荷由 B 搬至 A，需要外加一个作用力（统称为非静电力）克服静电力做功。电源的工作过程，便是非静电力将正电荷由低电势电极搬至高电势电极的过程。（需要补充说明的是，在一般金属导体中，被搬运的是自由电子，搬运方向也恰好相反，但做功性质相同。）在化学电池中，提供非静电力作用的是化学作用；在一般发电机中，提供非静电力的是磁场（即磁场对运动电荷的作用力）。

引入物理量：电动势 E——非静电力将单位正电荷从负极搬到正极，所做的功。

公式表达为：

$$E = \frac{W}{q}$$

电源通过非静电力做功，将其他形式能量转化为电能。不同电源，搬运相同电荷量的过程，做功量不同，所以电动势是描述电源将其他形式能量转化为电能的本领的物理量。

结合单位制分析，得出电动势单位"伏特（V）"。

问题3：电源电动势和电压有相同的单位，两者存在怎样的关系？

将外电路断开，非静电力搬运电荷，造成两极上电荷积累，两极间电场加强。直到静电力与非静电力达到平衡时，非静电力不能搬运更多电荷，此时两极间电场稳定，设此时两极间电压为 U（可以设想用理想电压表测量），如图3所示。

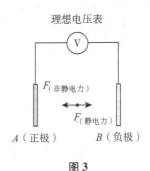

图3

设想，有一检验电荷，在非静电力作用下，缓慢地由负极移至正极。设非静电力做功 W，由动能定理得：

$$W = qU$$

又由电动势定义式 $E = \frac{W}{q}$，得 $E = U$。

最终得出结论：断路状态下，电源两极间电压等于电源电动势。

电动势和电压，是两个不同的物理量，其物理意义也不相同。电动势，表示电源将其他形式能量转化为电能的能力，描述的是非静电力做功过程；电压，表示两点之间的电势高低关系，描述的是静电力做功过程。二者反映的主体是有根本区别的。

问题4：使用手机打电话，时间一久电池就会发烫，这说明什么？

通话时，电源内有电流流过，电源出现发热现象，根据焦耳定律 $Q = I^2 rt$，可知电源本身是有电阻的。这是因为电源内自由电荷在搬运过程中，同样要与电源内的分子、原子发生碰撞，出现动能传递。电源本身的电阻称为电源内阻。

┌───┐

【核心素养落实】（物理观念）

本部分的教学过程，以已有知识（诸如电路、电阻、电功、焦耳热等）为基础，循序推进，通过有导向性的问答设计，引导学生思考新旧知识之间的联系，并借助这些联系，从新的角度认识这些物理现象、物理模型、物理量的本质意义，强化了学生对电路现象的力学本质的理解。

在以上过程中，水到渠成地引入"电动势""内阻"的概念，使学生对电源的工作过程有了更深刻的认识。教学将概念引入过程，加入了受力分析、能量分析，渗透落实物理观念。

└───┘

任务二：从能量角度，推导闭合电路欧姆定律及其适用条件。

问题情境：设电动势为 E、内阻为 r 的电源，与阻值为 R 的电阻，构成电流恒定的通路。

问题 1：设电流强度为 I，则 t 时间内，电源做功 W 为多大？电路总焦耳热为多少？

t 时间内，通过电源的电荷量 $q = It$，电源做功 $W = qE = EIt$，t 时间内，根据焦耳定律得，电路总发热量：$Q = I^2Rt + I^2rt$。所有电能均用于转化焦耳热，故 $W = Q$，得：

$$I = \frac{E}{R + r}$$

这便是闭合电路欧姆定律。表述为：闭合电路中的电流与电源的电动势成正比，与内、外电路的电阻之和成反比。

问题 2：闭合电路欧姆定律的适用条件是什么？

上式是以用纯电阻电路为前提得到的，故适用条件为纯电阻电路（只将电能转化为焦耳热）。若外电路不是纯电阻电路，则将上式改为 $E = U_外 + U_内 = U_外 + Ir$，即可适用。

定义：电源外部的电路被称为外电路，$U_外 = IR$ 被称为外电压，或路端电压；电源内部的电路被称为内电路，$U_内 = Ir$ 被称为内电压。

纯电阻电路条件下，闭合电路欧姆定律可变形为：$U_外 = \dfrac{E}{1 + \dfrac{r}{R}}$。

当 r 保持不变，R 增大时，或 R 保持不变，r 减小时，$U_外$ 增大。

实验录像验证如表 1 和表 2 所示。

表 2

U_1/V（外）	U_2/V（内）	（$U_1 + U_2$）/V
2.00	0.00	2.00
1.11	0.85	1.96
1.00	0.97	1.97
0.85	1.11	1.96
0.69	1.27	1.96

表 3

U_1/V（外）	U_2/V（内）	（$U_1 + U_2$）/V
1.37	0.59	1.96
1.07	0.89	1.96
0.53	1.45	1.98

结论：（1）内、外电压总和等于电源电动势；

（2）当 r 保持不变，R 增大时，或 R 保持不变，r 减小时，$U_外$增大。

当外电路电阻 $R = 0$，即短路时，此时电路中流过的电流 $I_m = E/r$ 被称为短路电流。

当外电路断开时，$I = 0$，则 $U_内 = Ir = 0$，得 $E = U_外$，即电路断路时，路端电压等于电源电动势，这与任务一中的推导结果是一致的。

本部分的教学，以电路基本参数入手，借助功的计算公式、焦耳定律，结合能量守恒定律，推导闭合电路欧姆定律的表达式，并由推导过程判断表达式的适用条件。推导过程着力于能量观念的深化，严谨的推导过程，体现科学思维过程。

通过实验录像，对理论推导的结果进行验证，体现科学研究的严谨性。理论与实验相结合，理论总结的结果需要经过实验的检验，培养学生的科学探究精神。

任务三：闭合电路欧姆定律的应用。

例1：人造地球卫星大多用太阳能电池供电，太阳能电池是由许多片太阳能电池板组成的。现把太阳能电池置于如图4所示的电路中。当断开开关时，电压表的示数 $U_1 = 800\text{mV}$。已知电阻 R 的阻值为 20Ω；当闭合开关时，电压表的示数 $U_2 = 400\text{mV}$。求该太阳能电池的内阻 r。

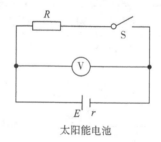

太阳能电池

图4

【解答】开关 S 断开时，电压表测量电源电动势，得：$E = U_1 = 800\text{mV} = 0.8\text{V}$，

当开关 S 闭合时，电压表测量路端电压 $U_2 = IR$，

又由闭合电路欧姆定律：$I = \dfrac{E}{R + r}$，

得：$r = \left(\dfrac{E}{U_2} - 1\right)R = \left(\dfrac{0.8}{0.4} - 1\right) \times 20\Omega = 20\Omega$。

例2：手电筒里的两节干电池用久了，灯泡发出的光会变暗，这时我们就需要更换电池。但有人为了"节约"，在手电筒里装一节新电池和一节旧电池搭配使用。设新电池的电动势 $E_1 = 1.5\text{V}$，内阻 $r_1 = 0.3\Omega$；旧电池电动势 $E_2 = 1.2\text{V}$，内阻 $r_2 = 4.0\Omega$。（串联电源总电动势等于各电源电动势总和，总内阻等于各电源内阻总和）手电筒使用的小灯泡的电阻为 4.5Ω，则：

（1）当使用两节新电池时，求灯泡两端的电压；

（2）当使用新、旧电池混装时，求灯泡两端的电压；

（3）分析将新、旧电池搭配使用是否妥当。

【解答】（1）由闭合电路欧姆定律，得出使用两节新电池时，回路电流 $I_1 = \dfrac{2E_1}{R + 2r_1} = \dfrac{2 \times 1.5}{4.5 + 2 \times 0.3}\text{A} = \dfrac{10}{17}\text{A}$，灯泡两端的电压 $U_1 = I_1 R = \dfrac{10}{17} \times 4.5\text{V} = \dfrac{45}{17}\text{V} \approx 2.7\text{V}$。

（2）由闭合电路欧姆定律，得出使用新、旧电池混装时，回路电流 $I_2 = \dfrac{E_1 + E_2}{R + r_1 + r_2} = \dfrac{1.5 + 1.2}{4.5 + 0.3 + 4.0}\text{A} = \dfrac{27}{88}\text{A}$，灯泡两端的电压 $U_2 = I_2 R = \dfrac{27}{88} \times 4.5\text{V} = \dfrac{243}{176}\text{V} \approx 1.4\text{V}$。

（3）若仅使用一节新电池，回路电流 $I_3 = \dfrac{E_1}{R + r_1} = \dfrac{1.5}{4.5 + 0.3}\text{A} = \dfrac{5}{16}\text{A} \approx 0.313\text{A}$，而新、旧电池混装时，回路电流 $I_2 = \dfrac{27}{88}\text{A} \approx 0.307\text{A} < I_3$。

这表明，混装一节旧电池，流过小灯泡的电流反倒变小了，这是不妥当的。

【核心素养落实】（物理观念、科学思维、科学探究）

本部分的教学，主要是完成四道例题的讲解。一方面通过演练利用闭合电路欧姆定律求解电路问题的方法，锻炼学生解决问题的思维流程和规范要求（落实科学思维）；另一方面，选择的例题以生活实践问题情境为基础，数据参数渗透生活中的数据，将物理知识和生活实际相结合，培养学生以科学视角认识生活，用科学思维解决生活问题（落实科学态度与责任）。

任务四：课堂小结。

回顾本节课知识、方法。

电源：通过非静电力做功，将其他形式能量转化为电能的装置。

电动势：非静电力将单位正电荷从负极搬到正极所做的功，是描述电源将其他形式能量转化为电能的本领的物理量。

闭合电路欧姆定律：$I = \dfrac{E}{R+r}$

适用条件为：纯电阻电路（只将电能转化为焦耳热）。

变形：$E = U_外 + U_内 = U_外 + Ir$（对非纯电阻电路也适用）。

外电压（或路端电压）$U_外 = IR$；当外电阻增大时，回路电流减小，路端电压升高；当外电路断路时，$I = 0$，$E = U_外$。

内电压 $U_内 = Ir$，短路电流 $I_m = E/r$。

任务五：思考与实践。

小明到便利店购买手电筒上的小电珠，店主提供了两种规格供小张选择，分别是搭配两节干电池使用的"2.5V，0.3A"，和搭配三节干电池使用的"3.8V，0.3A"。小明发现小灯泡的额定电压与电源电动势并不相等，他认为这是厂家设计员考虑了电池内阻的影响特别做的设计。

请按照小明的思路：由参数"2.5V，0.3A"，推算出每节干电池的内阻，并利用参数"3.8V，0.3A"验证小明的猜想的可能性。

【解答】由闭合电路欧姆定律 $E = U + Ir$：得 $r = \dfrac{E-U}{I}$

设每节干电池内阻为 r_0，使用两节干电池时：$2r_0 = \dfrac{2E - U_1}{I_1} = \dfrac{2 \times 1.5 - 2.5}{0.3}\Omega = \dfrac{5}{3}\Omega$，$r_0 = \dfrac{5}{6}\Omega \approx 0.83\Omega$

使用三节干电池时：$3r_0 = \dfrac{3E - U_2}{I_2} = \dfrac{3 \times 1.5 - 3.8}{0.3}\Omega = \dfrac{7}{3}\Omega$，$r_0 \approx 0.78\Omega$

两组参数计算结果相近，所以小明的猜想正确的可能性很大。

五、板书设计

闭合电路欧姆定律

电源：通过非静电力做功，将其他形式能量转化为电能的装置。

电动势即非静电力将单位正电荷从负极搬到正极所做的功，是描述电源将其他形式能量转化为电能的本领的物理量。

公式：$E = \dfrac{W}{q}$　　单位：伏特（V）

闭合电路欧姆定律：$I = \dfrac{E}{R+r}$ 适用条件：纯电阻电路（电能→焦耳热）

变形：$E = U_外 + U_内 = U_外 + Ir$（一般闭合回路）

外电压（或路端电压）$U_外 = IR$；若 $R\uparrow$，则 $I\downarrow$，$U\uparrow$；当外电路断路时，$I=0$，$E = U_外$。

内电压 $U_内 = Ir$，短路电流 $I_m = \dfrac{E}{r}$。

（广州大学附属中学　曹卫东）

"以电表改装为背景的电学实验"教学设计

本教学设计的背景：用于高三的专题复习。

核心思想：无论是电压表、电流表还是欧姆表都是由表头改装而来的，不同量程的电压表和电流表本质是表头和定值的电阻的线性组合，表头测出局部电流，根据线性组合计算出整体的电流、电压，利用通过表头的电流与整体电流电压的一一对应关系在表盘上重新标记刻度而成。而欧姆表内部有电源，利用被测电阻与通过表头电流的一一对应关系来标记刻度。

本教学设计旨在帮助学生从根本原理理解上述核心思想。

一、教学目标

（1）使学生理解表头工作原理。

（2）让学生理解电压、电流表的改装原理。

（3）让学生理解欧姆表的工作原理。

（4）让学生理解并应用改装电表核心思想内容。

二、表头的结构与原理

表头的构造如图 1 所示。

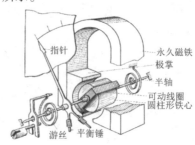

图1

如图 2 所示，如果指针有偏转，在游丝与平衡锤作用下产生回复力矩，该力矩大小正比于转角 θ，$M_{回} = k\theta$。

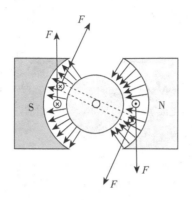

图 2

通入一定电流后，受安培力作用，指针偏转，在辐状磁场中安培力的力矩 $M_{安}$ 与偏转角无关，其大小与电流 I 成正比，

$$M_{安} \propto I$$

又有力矩平衡条件：$$M_{回} = M_{安}$$

所以偏转角度与通入的电流成正比：$\theta \propto I$，偏转角度与电流一一对应，事先在表盘上标定好角度与 I 的对应关系，使用时就可以方便地读出通入的电流。

注意表头也可以看作是一个电压表，因为通过表头的电流与加在其两端的电压也有一一对应的关系：$U = IR_g$（R_g 为表头的电阻）如果我们已知表头的电阻，通过测电流就可以计算电压。

三、基于表头与定值电阻的改装

因为表头比较灵敏，测量的量程较小，所以不能直接用于常见电路中电流和电压的测量。如何扩大量程，如何计算量程，其实只要领悟其中的思想便可将其进行灵活运用。

1. 一个重要细节，电表内阻是否已知

在做实验题时应该注意，所给电表的内阻是否精确已知。一般题目表达内阻用"约为"和"为"，"约为"一般用于估算，而"为"则可用于计算。

如图 3 所示，用电压表测自身两端的电压，如果又知道内阻，则可以计算出通过自身的电流。

用电流表测通过自身的电流，如果又知道内阻，则可以计算出自身两端的电压。

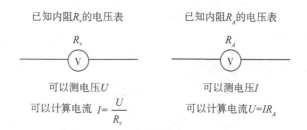

已知内阻R_v的电压表　　　　已知内阻R_A的电压表

可以测电压U　　　　　　　　可以测电压I

可以计算电流 $I=\dfrac{U}{R_v}$　　　　可以计算电流$U=IR_A$

图3

2. 定值电阻与已知内阻的电表组合功能

定值电阻与已知内阻的电表组合，无论是串联、并联还是混联，都是线性的。如图4所示，用电表测出自身的电压或电流，通过电阻可以计算分压比、分流比，还可以计算出整体的总电流和总电压。

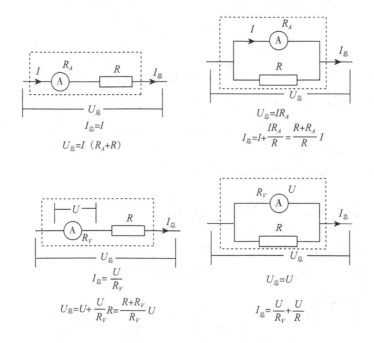

图4

有了定值电阻和已知内阻的电表组合，我们可以计算出通过组合整体的总电流和电压。做实验时可以计算出来，相当于间接测量出来。

四、下面通过两个例题体会上面的思想

例1：用以下器材可测量电阻 R_x 的阻值。

待测电阻 R_x，阻值约为 600Ω；

电源 E，电动势约为 $6.0\mathrm{V}$，内阻可忽略不计；

电压表 V_1，量程为 $0\sim500\mathrm{mV}$，内阻 $r_1=1000\Omega$；

电压表 V_2，量程为 $0\sim6\mathrm{V}$，内阻 r_2 约为 $10\mathrm{k}\Omega$；

电流表 A，量程为 $0\sim0.6\mathrm{A}$，内阻 r_3 约为 1Ω；

定值电阻 R_0，$R_0=60\Omega$；

滑动变阻器 R，最大阻值为 150Ω；

单刀单掷开关 S 一个，导线若干。

（1）测量中要求两只电表的读数都不小于其量程的 $\dfrac{1}{3}$，且能测量多组数据，请在方框中画出测量电阻 R_x 的实验电路图。

（2）若选择测量数据中的一组来计算 R_x，则由已知量和测量物理量计算 R_x 的表达式为 $R_x=$ _____，式中各符号的意义是_____。（所有物理量用题中代表符号表示）

参考答案：（1）见解析图；（2）$\dfrac{U_2-U_1R_0r_1}{U_1R_0+r_1}$，$U_1$ 为电压表 V_1 的读数，U_2 为电压表 V_2 的读数，r_1 为电压表 V_1 的内阻，R_0 为定值电阻。

解析：（1）估算电路中的最大电流 $I_m=\dfrac{6\mathrm{V}}{600\Omega}=0.01\mathrm{A}=10\mathrm{mA}$

发现电流表量程太大（一般如果整个测量区间均不到全量程的三分之一，若所用电表量程太大，应该更换小量程的电表），仔细审题发现电压表 V_1 的内阻是精确已知的，也就是说我们可以计算通过它的电流（即可以通过计算间接测出它所在电路的电流），如图5所示。

图5

$$I = \frac{U}{R_V} \ (0 \leqslant U \leqslant 500 \text{mV}), \text{ 所以 } 0 \leqslant I \leqslant 500 \text{mV}$$

但是其所能间接测量的电流太小，那么自然会想到这里有一个定值电阻 $R_0 = 60\Omega$ 可以和 V_1 组合用于计算（间接测量）更大的电流，如图 6 所示。

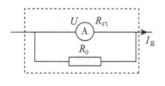

图 6

$$I_{总} = \frac{U}{R_{V1}} + \frac{U}{R_0} \ (0 \leqslant U \leqslant 500 \text{mV})$$

所以，$0 \leqslant I_{总} \leqslant 8.83 \text{mA}$

这个组合与 R_x 串联用于计算（间接测量）通过 R_x 的电流比较合适。可能有同学认为 0.883mA 小于 10mA 存在安全问题，这就多虑了，因为有变阻器。在接通开关前正确的操作是调好变阻器使得通过 R_x 的电流最小，然后调节时实验者可以注意电表示数避免超过量程。

因为滑动变阻器的阻值相对较小，滑动变阻器需要分压式接法，电路如图7所示。

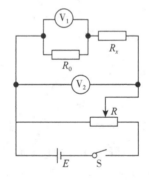

图 7

（2）流过被测电阻的电流为 $I = \frac{U_1}{r_1} + \frac{U_1}{R_0} = \frac{U_1 R_0 + r_1}{R_0 r_1}$，被测电阻阻值为 $R_x = \frac{U_2 - U_1}{I} = \frac{U_2 - U_1 R_0 r_1}{U_1 R_0 + r_1}$

补充答疑：V_2 接 R_x 上行吗？

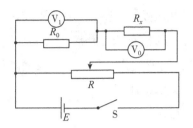

图8

如图 8 所示，通过 V_1 与 R_0 的组合可以算出

$$I = \frac{U_1}{r_1} + \frac{U_1}{R_0} = \frac{U_1(R_0 + r_1)}{R_0 r_1}$$

然而这个电流不全部通过 R_x，V_2 有分流，$\frac{U_2}{I}$ 比 R_x 偏小有理论误差。

例2：某探究性学习小组利用如图 9 所示的电路测量电池的电动势和内阻。其中电流表 A_1 的内阻 $r_1 = 1.0\text{k}\Omega$，电阻 $R_1 = 9.0\text{k}\Omega$，为了方便读数和作图，给电池串联一个 $R_0 = 3.0\Omega$ 的电阻。

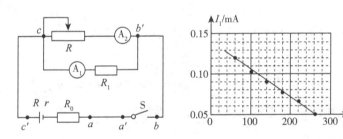

图9

该小组通过多次改变滑动变阻器触头位置，得到电流表 A_1 和 A_2 的 I_1、I_2 数据，作出图像如图 10 所示，由 $I_1 - I_2$ 图像得到电池的电动势 $E = \underline{\hspace{2em}}$ V，内阻 $r = \underline{\hspace{2em}}$ Ω。

参考答案：1.41（1.36～1.44 均可），0.5（0.4～0.6 均可）。

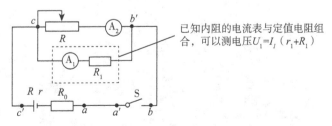

图10

本题要通过图像得到电动势、内阻，那么我们需要知道 I_1 与 I_2 的函数关系表达式才能从图像了解更多的信息，这是解决含图像问题的通用思想，找目标函数。（这里为一次函数，搞清楚 $I_1 = f(I_2)$ 函数解析式就可以知道斜率和截距代表什么，进而根据相关信息计算）

根据闭合电路欧姆定律得

$$I_1 (r_1 + R_1) = E - (I_1 + I_2)(r + R_0)$$

注意到 $I_1 \ll I_2$ $I_1 + I_2 \approx I_2$

所以 $I_1 (r_1 + R_1) = E - I_2 (r + R_0)$

$$I_1 = -\left(\frac{r + R_0}{r_1 + R_1}\right)I_2 + \frac{E}{r_1 + R_1}$$

结合图像列方程计算电动势 $E = 1.41\text{V}$，内阻 $r = 0.5\Omega$。

补充答疑：可能会有同学有这样的疑问：

$$I_2 (R + R_{A2}) = I_1 (R_1 + r_1)$$

得：$I_1 = \left(\frac{R + R_{A2}}{r_1 + R_1}\right)I_2$。

这不是正比例函数吗？怎么与图像不符呢？

这个问题是没有搞清楚什么叫一元函数，我们要找的目标函数 $I_1 = f(I_2)$ 是一元函数。I_2 是自变量，I_1 是应变量，除此之外不能有其他变量。上面那个式子中 R 是变量，所以它不是我们要找的目标函数。

五、多用电表的原理

1. 为什么要欧姆调零

欧姆调零的目的是在表盘上标定出电流与所测电阻的对应关系，如图 11 所示。

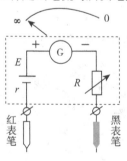

图11

当两表笔间什么也不接时，$I=0$（指针停留在最左端，如果不在则要机械调零），该处所对应的 $R_x=\infty$，如图 12 所示。

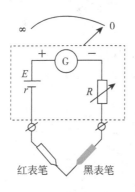

图 12

当两表笔直接接触时，指针偏转一个角度，这时调节 R，使得指针指到刻度盘最右边，即通过调节 R 使此时的电流 I 等于表头满偏电流 I_g，此时的 $R_x=0$。

这一步的操作相当于确定了 R_g+R+r，电流与所测电阻的一一对应关系已经确定。

表盘上不同位置对应了通过的电流，电流又对应了测量的电阻 R_x，表盘范围内对应的电流在 0 到 I_g 之间，对应的 R_x 则在 ∞ 到 0 之间。

2. 为什么欧姆表刻度不均匀

欧姆调零时，我们通过改变 R，使得：$\dfrac{E}{R_g+R+r}=I_g$。

实质上我们就是将多用表的内阻调成了：

$$R_g+R+r=\frac{E}{I_g} \qquad\qquad ①$$

在测量电阻时，电流一定在 $0\sim I_g$，设 $I=kI_g$（$k\in(0,1]$），如图 13 所示。

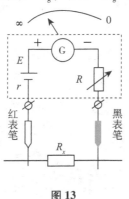

图 13

$$\frac{E}{R_g + R + r + R_x} = kI_g \qquad \text{②}$$

$$R_x = \frac{E}{I_g}\left(\frac{1}{k} - 1\right) \qquad \text{③}$$

上式反映了刻度盘上电阻值与位置的关系。比如 $k = 1/2$ 为中间位置，$k = 1/3$ 为自左边起 1/3 处，如图 14 所示。

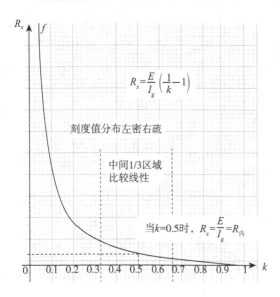

刻度值分布左密右疏

中间1/3区域
比较线性

$$R_x = \frac{E}{I_g}\left(\frac{1}{k} - 1\right)$$

当$k=0.5$时，$R_x = \frac{E}{I_g} = R_内$

图 14

3. 关于中值电阻

注意式③，$k = 0.5$，即在表盘中间位置处时，$R_x = \dfrac{E}{I_g}$。

由式①知这个值等于欧姆表的内阻。

当欧姆表测量了一个与自身内阻相等的电阻 R_x 时，指针就会指到表盘中间位置。

【例题】图 15 甲为一个简单的多用电表的电路图，其中电源的电动势 $E = 1.5\text{V}$、内阻 $r = 1.0\,\Omega$，电流表内阻 $R_g = 10\,\Omega$、满偏电流 $I_g = 10\text{mA}$。该多用电表表盘如图 15 乙所示，下排刻度均匀，C 为上排刻度线的中间刻度。

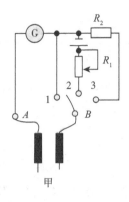
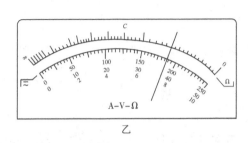

图 15

（1）选择开关接"1"，指针指在图乙所示位置时示数为_____；

（2）如果选择开关接"3"，图甲中电阻 $R_2 = 240\Omega$，则此状态下多用电表为量程_____的电压表；

（3）如果选择开关接"2"，该多用电表可用来测电阻，C 刻度应标为_____Ω；

（4）如果选择开关接"2"，红、黑表笔短接，调节 R_1 的阻值使电表指针刚好满偏，再测量某一电阻，指针指在图乙所示位置，则该电阻的测量阻值为_____Ω（保留两位有效数字）；

（5）由于该多用电表的电池用久了，电动势变为 1.4V、内阻变为 3.0Ω，正确调零后测量某电阻的阻值，其测量结果_____（选填"偏大""偏小"或"准确"）。

【答案】7.5　　　2.5V　　　150　　　50　　　偏大

（1）选择开关接"1"时，表盘的分度值 0.2mA，需要估读到 0.1mA，则指针指在图乙所示位置时示数为 7.5mA；

（2）如果选择开关接"3"，此状态下多用电表为量程为

$$U = I_g(R_g + R_2) = 2.5V$$

（3）如果选择开关接"2"，当指针指向刻度 C 时，通过电流表 G 的电流为 $\dfrac{I_g}{2}$，根据闭合电路欧姆定律可得

$$\frac{E}{R_1 + R_g + r + R_C} = \frac{I_g}{2} \qquad ①$$

163

进行欧姆调零时，有

$$\frac{E}{R_1 + R_g + r} = I_g \qquad ②$$

联立①、②解得：$R_C = R_1 + R_g + r = 150\Omega$。

（4）设电阻测量值为 R_x，根据前面分析可知

$$\frac{E}{R_1 + R_g + r + R_x} = 7.5\text{mA}$$

解得 $R_x = 50\Omega$。

（5）电动势变为1.4V、内阻变为3.0Ω后，进行欧姆调零时将内阻调为

$$Rx = \frac{E}{I_g}\left(\frac{I}{k} - I\right)(k \in (0, 1]) \qquad ③$$

$$R' = \frac{E'}{I_g} = 140\Omega$$

当电池电动势和内阻未变时，测量一阻值为 r_x 的电阻时，通过 G 的电流为

$$I = \frac{1.5\text{V}}{150\Omega + r_x} = \frac{1}{100\text{A}^{-1} + \dfrac{r_x}{1.5\text{V}}}$$

电动势和内阻改变后，测量此电阻时，通过 G 的电流为

$$I' = \frac{1.4\text{V}}{140\Omega + r_x} = \frac{1}{100\text{A}^{-1} + \dfrac{r_x}{1.4\text{V}}}$$

所以 $I' < I$。

这说明测量同一电阻时，电池用久的多用电表指针偏转角度比电池正常时偏左，即测量值比实际值偏大。

这里再重点谈谈对第（5）问的理解，如果多用电表内的电源参数变化会产生什么影响？

要搞清楚这个问题关键在于对式③的理解，表盘上的刻度在仪器出厂时已经刻画好了，那么每个对应位置处的电阻值其实都是由式③确定的，式中的 E、I_g 为电源电动势和所用表头的满偏电流。

如果在使用中，电源的电动势变大或变小或者实验者更换了不同电动势的电源，那么这个分布函数就变了，而实验者仍按原来分布值读数，就会测不准，如图16所示。

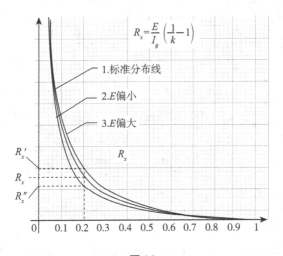

$$R_x = \frac{E}{I_g}\left(\frac{1}{k} - 1\right)$$

1.标准分布线

2.E偏小

3.E偏大

图16

比如说电动势变小了，那么真实的分布曲线变了，同一位置处所对应的值为 R_x''。

如果实验者仍然按原来刻度读数就会读出 R_x，因为 $R_x'' < R_x$，所以所测结果偏大了。

4. 再来说说换挡的原理

比如说我们要将倍率变为原来的 10 倍，就是要使每个位置对应的 R_x 变为 10 倍。由式③知道这要求 E/I_g 变为原来的 10 倍，可以通过更换相应的电源或更换表头来实现。

（广州外国语学校　闵　鑫）

法拉第电磁感应定律的应用

——金属棒切割问题

一、教材分析（让科学思维培养内容融入教学内容）

本节课从电磁感应定律应用的三种常规类型入手，层层深入，帮助学生建立物理模型，深化对电磁感应定律的理解，培养学生模型建构的科学思维，提升学生为解决实际问题寻找更优方法的科学探究能力，培养学生的实际问题解决能力和创新思维能力。

本节课以法拉第电磁感应定律的应用中金属棒的切割为例，基于核心素养下科学思维中的"模型建构"等要素提出四种模型，基于物理观念中的"运动与相互作用观念、能量观念"等要素针对四种模型进行动力学分析和理解能量之间的转化关系，并且从动力学、$v-t$ 图像和能量转化三个主要方面进行归纳总结，得出一条对于金属棒切割问题的思维主线，让学生能够学会把物理模型应用到实际情境，比较快速地解决问题和提升逻辑思维。更重要的是，教师可以通过这种模型来引导学生今后把实际情境转换成物理模型，实现培养学生能够进行"模型建构"和"质疑创新"等核心素养的培养目标。

二、学情分析（学生思维现状）

本节是"电磁感应"一章的核心知识之一，与电路联系紧密，也是深化发电原理的基础。教材容量大，逻辑性强，方法性强，具体分析时思维维度多、对学生能力要求高。学生在前面第一节课的基础上已经对法拉第电磁感应定律有了一定的了解，但是对于金属棒的切割问题还只是停留在表面，而金属棒的切割问题中出现的运动问题和能量转化问题一直是教学中的重难点。

三、教学目标（体现科学思维培养目标）

1. 物理观念和应用

（1）让学生理解法拉第电机的原理。

（2）让学生掌握法拉第电机感应电动势的计算。

（3）让学生理解电磁感应现象电路中的电源及外电路。

2. 科学思维与创新

（1）使学生认识科学探究中交流和独创的意义。

（2）让学生通过对物理学史的学习，层层深入，获得从原理总结到实际应用应该如何思考与解决现实问题的思路与方法。

3. 科学探究和交流

（1）通过对电磁感应中电路的认识，在观察、分析、分类、归纳、转化、转换、综合等思维过程中，让学生体会等效法的应用，加深学生对电磁感应内在规律的认识，凸现理论与应用的完美统一，培养学生严谨的物理思维习惯、方法。

（2）法拉第电机的探究，重结论，更重过程，使学生明确探究的内涵，重温建立物理模型的方法。

4. 科学态度和责任

（1）通过电磁感应的闭合电路的探究，分析物理知识的内在联系，发展学生对科学的好奇心和求知欲。

（2）通过实际问题的研究引导学生理论联系实际，增强学生把理论用于实践的主动性和积极性。

（3）培育学生与他人合作的精神，实现学生将自己的见解与他人交流的愿望。

四、教学重点、难点

（1）重点是学生对法拉第电磁感应定律的进一步理解和运用。

（2）难点是学生对法拉第电磁感应定律的综合运用。

五、教学与资源

多媒体课件、学案。

六、教学流程

准备好学案，引导学生层层深入，突破本节课重难点。

1. 复习引入新课

（1）叙述法拉第电磁感应定律的内容。

（2）写出其表达式。

（3）说明 $\varepsilon = N\dfrac{\Delta\phi}{\Delta t}$ 和 $\varepsilon = BLv$ 的区别与联系。

（4）由 $\varepsilon = N\dfrac{\Delta\phi}{\Delta t}$ 推导 $\varepsilon = BLv$。

如图 1 所示，讲清图中各物理量，引导学生共同推导。

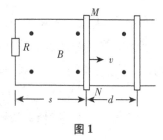

图1

设在 Δt 时间内，导体 MN 以速度 v 切割磁感线，移动距离为 $d = v\Delta t$，设 MN 长为 L，这一过程中，回路磁通量变化为

$$\Delta\Phi = \Phi_2 - \Phi_1 = B\ (s+d)\ L - BsL = BLd$$

根据法拉第电磁感应定律

$$\varepsilon = \frac{\Delta\Phi}{\Delta t} = \frac{BLd}{\Delta t} = \frac{BLv\Delta t}{\Delta t} = BLv$$

2. 划分类型，层层深入

类型一：如图 2 所示，足够长相距为 L 水平放置的光滑金属平行导轨与一电阻 R 相接，导轨上放置一根电阻为 r 的金属棒，整个装置处在竖直向下的匀强磁场中。一开始金属棒以初速度 v_0 向右运动：

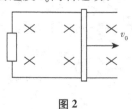

图2

（1）请分析导体棒的运动情况并画出 $v-t$ 图像。

（2）导体棒减速到静止的过程中，能量如何转化（用动能定理或者能量转化与守恒来理解）？

（3）安培力做功与能量转化有何关系？

例 1： 如图 3 所示，间距为 L、电阻不计的足够长的平行光滑金属导轨被水平放置，导轨左端用一阻值为 R 的电阻连接，导轨上横跨一根质量为 m、电阻也为 R 的金属棒，金属棒与轨道接触良好。整个装置处于竖直向上、磁感应强度为 B 的匀强磁场中。现使金属棒以初速度 v_0 沿导轨向右运动，若金属棒在整个运动过程中通过的电荷量为 q，下列说法正确的是（　　）。

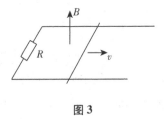

图 3

A. 金属棒在导轨上做匀减速运动

B. 整个过程中电阻 R 上产生的焦耳热为 $\dfrac{1}{2}mv_0^2$

C. 整个过程中金属棒在导轨上发生的位移为 $\dfrac{qR}{BL}$

D. 整个过程中金属棒克服安培力做功为 $\dfrac{1}{2}mv_0^2$

类型二： 如图 4 所示，足够长相距为 L 水平放置的光滑金属平行导轨与一电阻 R 和电动势为 E 的电源相接，导轨上放置一根电阻为 r 的金属棒，整个装置处在竖直向下的匀强磁场中。金属棒从静止开始在安培力作用下向右运动。

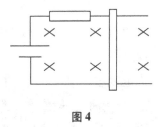

图 4

（1）请分析导体棒的运动情况并画出 $v-t$ 图像。

（2）导体棒从静止到运动的过程中能量如何转化？

（3）安培力做功与能量转化有何关系？

类型三：如图5所示，足够长相距为 L 水平放置的光滑金属平行导轨，导轨上放置两根电阻为 r、质量为 m 的金属棒，整个装置处在竖直向上的匀强磁场中。给棒 2 一个初速度 v_0 使其向右运动。

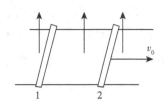

图5

（1）请分析棒1、棒2的运动情况并画出 $v - t$ 图像。

（2）导体棒 1 和导体棒 2 的能量如何转化？

（3）导体棒 1 和导体棒 2 构成的系统的动量守恒吗？

例2：如图6所示，两根间距为 L 的光滑金属导轨（不计电阻），由一段圆弧部分与一段无限长的水平段部分组成。其水平段加有竖直向下的匀强磁场，其磁感应强度为 B，导轨水平段上静止放置一金属棒 cd，质量为 $2m$，电阻为 $2r$。另一质量为 m、电阻为 r 的金属棒 ab，从圆弧段 M 处由静止释放下滑至 N 处进入水平段，圆弧段 MN 半径为 R，所对圆心角为 $60°$，求：

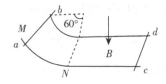

图6

（1）ab 棒在 N 处进入磁场区速度有多大？此时棒中电流是多少？

（2）cd 棒能达到的最大速度是多大？

（3）ab 棒由静止到达最大速度过程中，系统所能释放的热量是多少？

变式题：如图7所示，足够长相距为 L 水平放置的光滑金属平行导轨，导轨上放置两根电阻为 r 的金属棒，整个装置处在竖直向上的匀强磁场中。棒 2 以初速度 v_0 向右运动。

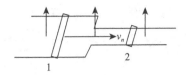

图 7

（1）请分析棒 1、棒 2 的运动情况。

（2）导体棒 1 和导体棒 2 的能量如何转化？

（3）导体棒 1 和导体棒 2 的动量守恒吗？

类型四（思维拓展）：如图 8 所示，足够长相距为 L 水平放置的光滑金属平行导轨，导轨上放置两根电阻为 r 的金属棒，整个装置处在竖直向上的匀强磁场中。棒 2 在水平向右的恒力 F 的作用下从静止开始向右运动。

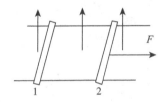

图 8

（1）请分析棒 1、棒 2 的运动情况。

（2）导体棒 1 和导体棒 2 的能量如何转化？

（3）导体棒 1 和导体棒 2 的动量守恒吗？

3. 巩固提高

例 1（图像问题）：如图 9 所示，两根竖直放置的光滑平行导轨，其中一部分处于方向垂直导轨所在平面并且有上下水平边界的匀强磁场中。一根金属杆 MN 保持水平并沿导轨滑下（导轨电阻不计），当金属杆 MN 进入磁场区后，其运动的速度随时间变化的图线可能为（　　）。

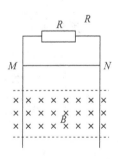

图 9

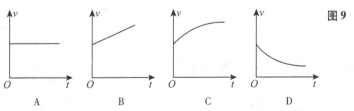

例 2（动力学问题）：两根相距为 L 的足够长的金属直角导轨如图 10 所示放置，它们各有一边在同一水平面内，另一边垂直于水平面。质量均为 m 的金属细杆 ab、cd 与导轨垂直接触形成闭合回路，杆与导轨之间的动摩擦因数均为 μ，导轨电阻不计，回路总电阻为 $2R$，整个装置处于磁感应强度大小为 B、方向竖直向上的匀强磁场中。当 ab 杆在平行于水平导轨的拉力 F 作用下以速度 v_1 沿导轨匀速运动时，cd 杆也正好以速度 v_2 向下匀速运动，重力加速度为 g。以下说法正确的是（　　）。

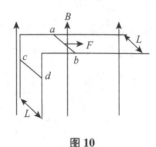

图 10

A. ab 杆所受拉力 F 的大小为 $\mu mg + \dfrac{B_2 L_2 v_1}{2R}$

B. cd 杆所受摩擦力为零

C. 回路中的电流大小为 $\dfrac{BLv_1 + v_2}{2R}$

D. μ 与 v_1 的大小关系为 $\mu = \dfrac{2mgR}{B_2 L_2 v_1}$

例 3：如图 11 所示，宽度为 L 的足够长的平行金属导轨 MN、PQ 的电阻不计，垂直导轨水平放置一质量为 m、电阻为 R 的金属杆 CD，整个装置处于垂直于导轨平面的匀强磁场中，导轨平面与水平面之间的夹角为 θ，金属杆由静止开始下滑，动摩擦因数为 μ，下滑过程中重力的最大功率为 P，求磁感应强度的大小。

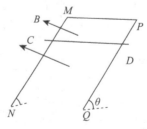

图 11

例 4（能量问题）：如图 12 所示，在倾角为 θ 的斜面上固定两根足够长的光滑平行金属导轨 PQ、MN，相距为 L，导轨处于磁感应强度为 B 的匀强磁场中，磁场方向垂直导轨平面向下。有两根质量均为 m 的金属棒 a、b，先将 a 棒垂直导轨放置，用跨过光滑轻质定滑轮的细线与物块 c 连接，将连接 a 棒的细线平行于导轨，由静止释放 c，此后某时刻，将 b 也垂直导轨放置，a、c 此刻起做匀速运动，b 棒刚好能静止在导轨上。a 棒在运动过程中始终与导轨垂直，两棒与导轨接触良好，导轨电阻不计。则（　　）。

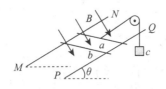

图 12

A. 物块 c 的质量是 $2m\sin\theta$

B. b 棒放上导轨前，物块 c 减少的重力势能等于 a、c 增加的动能

C. b 棒放上导轨后，物块 c 减少的重力势能等于回路消耗的电能

D. b 棒放上导轨后，a 棒中电流大小是 $\dfrac{mg\sin\theta}{BL}$

例 5：将两根相距 $d=0.20\text{m}$ 的平行金属导轨固定在同一水平面内，并处于竖直方向的匀强磁场中，磁场的磁感应强度 $B=0.2\text{T}$，导轨上面横放着两条金属细杆，构成矩形回路，每条金属细杆的电阻为 $r=0.25\Omega$，回路中其余部分的电阻可不计。已知两金属细杆在平行于导轨的拉力的作用下沿导轨朝相反方向匀速平移，速度大小都是 $v=5.0\text{m/s}$，如图 13 所示。不计导轨上的摩擦，求：

（1）作用于每条金属细杆的拉力的大小。

（2）两金属细杆在间距增加 0.40m 的滑动过程中所产生的热量。

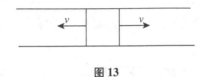

图 13

七、教学过程

教学环节	教师活动	学生活动	设计说明	科学思维培养
创设情景，复习并引入新课	教师提问：1. 叙述法拉第电磁感应定律的内容； 2. 写出其表达式； 3. 说明 $\varepsilon = N\dfrac{\Delta\phi}{\Delta t}$ 和 $\varepsilon = BLv$ 的区别与联系； 4. 由 $\varepsilon = N\dfrac{\Delta\phi}{\Delta t}$ 推导 $\varepsilon = BLv$	学生思考问题，并同步推导公式	激发学生学习的欲望和好奇心	通过观察实验现象和问题的提出培养学生科学思维中的质疑创新能力
划分类型，层层深入	每一类型均思考以下三个问题：（1）请分析棒的运动情况并画出 $v-t$ 图像；（2）导体棒减速到静止的过程中能量如何转化；（用动能定理或者能量转化与守恒来理解）（3）安培力做功与能量转化有何关系	使学生思维逐渐深入，学会建立物理模型，推导物理公式	通过分析和讨论，培养学生发现问题和解决问题的能力	培养学生科学思维中的科学论证的能力
巩固提高	设置几个例题	让学生学以致用，巩固本堂课内容	体现从物理走向生活的教学观念	培养了学生科学推理和科学论证的能力

【课后作业】

随堂消化：练习1、2题。

课外作业：3、4、5题。

通过第4题使学生了解并掌握转动和平动两种情况下的感应电动势表达，第5题给出了相对速度的情况。课堂教学和课外作业相互联系、相互补充。第1、2题有现场巩固、完善思维的作用，第4、5题有综合提升学生思维的效果。

【教学反思】

这节课笔者一共上了4次，不断地删改、打磨，最开始的时候笔者设计得最为全面，打算从单棒讲到双棒，把中学阶段出现的各种模型都分类讲到。可是贪多效果并不好，第一节课发现只讲了设计的一半。后来笔者就舍弃了双棒的一些情况，主要解决单棒问题。因为在根据《普通高等学校招生全国统一考试大纲（理科）》确定的物理科考试内容中，对法拉第电磁感应定律的应用一直都是二级要求，说明学生对于这一知识点既要理解基本的知识，又要利用法拉第电磁感应定律进行分析、综合、推理和判断等。我国中学课程标准提出了物理学科核心素养，在实际的中学物理教学过程中，核心素养的四个方面是不可分割的。本节课以法拉第电磁感应定律的应用中金属棒的切割为例，基于核心素养下的科学思维中的"模型建构"等要素提出四种模型，基于物理观念中的"运动与相互作用观念、能量观念"等要素针对四种模型进行动力学分析和理解能量之间的转化关系，并且从动力学、$v-t$ 图像和能量转化三个主要方面进行归纳总结，得出一条对于金属棒切割问题的思维主线，让学生能够学会把物理模型应用到实际情境，快速地解决问题和提升逻辑思维。更重要的是，教师可以通过这种模型来引导学生今后把实际情境转换成物理模型，实现培养学生能够进行"模型建构"和"质疑创新"等核心素养的培养目标。不过在上第二次课时，笔者发现学生认为含电容器的题比较难理解，高二学生对这种题接触较少，考虑到学生实际的接受能力，笔者又对模型进行了删减，干脆重点解决三类常见的模型：单棒加电阻、单棒加电源、单棒再加一根棒。每个模型各自配上一个综合性较强的例题来让学生当场理解，在黑板上从动力学角度通过表格的形式进行分析讲解，学生都能跟上既定的教学思路，层层深入，使学生学会受力分析和建立模型，最后能很好地完成课堂内容。

（广州大学附属中学物理科组　侯志兰）

"液体的表面张力" 教学设计

一、教材分析

"液体的表面张力"是物理选择性必修第三册（粤教 2019）模块"气体、液体和固体"主题下的内容。课程标准要求为：学生观察液体的表面张力现象，了解表面张力产生的原因，知道毛细现象。教材通过日常生活中所见到的相关现象和实验让学生切身观察液体的表面张力现象和毛细现象，并且应用分子动力理论解释液体表面张力和毛细现象产生的原因，引导学生对日常现象和实验现象进行观察和思考、讨论交流，通过抽象和推理尝试解释相关现象，归纳总结得出结论。

二、学情分析

学生在生活中了解了与表面张力有关的现象，例如露珠呈现为球形，太空中的水失重时呈现为球形，荷叶上的水呈现为水珠不浸润现象，硬币浮在水面上等。教学通过生活实例引入表面张力，引发学生思考。演示实验能让学生认识表面张力，形成感性认识，教学中要展示大量真实情境让学生感知表面张力的存在。学生已经了解分子间作用力特点，当分子间距比较大时，分子间作用力表现为吸引力，能从微观角度解释表面张力的产生机理。但学生对液体表面层不了解，相关知识不足，这部分知识需要教师向学生讲解，为学生用分子间作用力解释表面张力奠定知识基础。

三、教学目标

1. 物理观念

（1）使学生了解液体的表面张力现象，能解释液体表面张力产生的原因。

（2）让学生了解液体的微观结构、浸润和不浸润现象、毛细现象，了解这些现象产生的原因。

2. 科学思维

（1）通过观察现象和实验操作，培养学生从物理现象中抽象出物理概念的能力，总结液膜的收缩特性。

（2）通过对液体表面张力及毛细现象等成因的分析，培养学生透过现象看本质的分析和推理思维。

3. 科学探究

学生观察液面呈现的现象、积极参与实验探究活动，经历发现问题—猜想—探究—结论—交流的探究过程。

4. 科学态度与责任

学生有将物理知识应用于生活和生产实践的意识，勇于探索与日常生活有关的物理问题，在生活中感悟物理文化。

四、教学重点、难点

重点：让学生了解液体的表面张力、浸润和不浸润现象、毛细现象。

难点：让学生明白表面张力形成的原因、毛细现象形成的原因、解释相关现象。从微观上解释，以生活实例解释对其进行加强巩固。

五、教学用具与资源

水杯、硬币、曲别针、铁丝环、针、棉线、肥皂水、六面体铁线框、玻璃片、多媒体课件等。

六、教学流程（见图1）

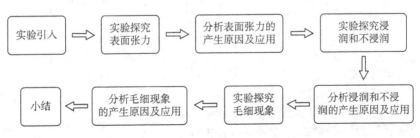

图1

七、教学过程

教学环节		教师活动	学生活动	设计说明	科学思维培养
新课引入	实验一：在杯子中盛满清水。将硬币一枚一枚依次放入杯中，比一比看谁放入的硬币数量最多 实验二：比比谁吹的泡泡大	引导学生进行实验尝试，并提问：为什么硬币不会沉入水底？为什么泡泡那么大还不破？	学生动手尝试，观察现象并思考其中的原因	在进行足够的体验的前提下，提出问题，引起学生思考，引入新课教学	培养学生的观察能力与质疑创新精神
液体表面张力	1. 通过实验探究液体表面的特点。 实验一：在铁环上拴一根棉线，进入肥皂水中再拿出来，铁环上就会附上一层肥皂水薄膜。要注意此时的棉线是松弛的，接着用针刺破棉线上面的薄膜。 现象：细棉线被拉直了。 结论：液体表面有收缩的趋势。 实验二：把一个棉线圈系在铁丝环上，使环上布满肥皂液的薄膜，这时膜上的棉线圈仍是松弛的。用烧热的针刺破棉圈里的薄	1. 介绍实验器材并操作实验。 2. 提出问题： ① 棉线、棉线圈的变化如何？ ②剩余的肥皂膜变化如何？ 3. 根据学生回答，定义表面张力：作用在液体表面，使	1. 学生认真观看实验视频，并观察棉线和棉线圈在刺破部分肥皂膜前后的变化。 2. 依据实验现象思考，回答老师的问题	1. 培养学生观察实验现象的能力。 2. 引导学生从棉线变成弧形、棉线圈变成圆形总结出棉线、棉线圈受到肥皂膜力的作用，剩余肥皂膜的面积在缩小的结论	通过实验与观察，引导学生在物理规律与科学事实方面产生丰富的联想

教学环节		教师活动	学生活动	设计说明	科学思维培养
	膜，观察棉线圈外的薄膜和棉线圈发生的变化。 现象：棉线圈被拉紧了。 结论：液体表面有收缩的趋势	液面具有收缩趋势的力			
液体表面张力	2. 表面张力的成因。 问题：为什么液面有收缩的趋势？ 液体表面的分子由于和空气相接触，分子间距离明显大于液体内部的分子。 当分子间距离小于平衡位置的距离，分子间表现出斥力，反之表现出引力。 	1. 展示液体表面微观示意图。介绍表面分层结构。 2. 引导学生回顾分子力曲线图并分析表面层分子的受力情况。 3. 从作用效果来说明是表面层分子合力使液体表面收缩，与实验中出现的表面张力有联系	1. 学生结合动画，回顾并理解液体分子的疏密、受力特点。 2. 学生结合动画，理解表面层分子和液体内部分子受力情况的区别。 3. 学生根据教师的讲解分析，理解实验中表面张力的本质原因是液体表面层分子力	引导学生理解液体分子之间的力是引力，且表面层分子受到合力指向液体内部。最后通过教师讲解，帮助学生理解液体表面收缩的原因，表面层分子间引力是表面张力的微观解释	培养学生善于运用分析、综合、抽象、概括，能洞察科学研究对象的本质属性和相互联系

教学环节		教师活动	学生活动	设计说明	科学思维培养
液体表面张力	回到液体表面，表面层的分子间距恰好略大于平衡位置的距离，分子间表现为引力，它存在于液体表面的各个方向，使液体表面绷紧，看起来近似球形。其作用效果：使液面收缩绷紧，使其收缩到表面积最小				
	3. 表面张力的方向。 根据实验现象，让学生画出弧形棉线的受力方向，体验并理解表面张力的方向。 如果在液体表面任意画一条线 *MN*，线两侧的液体之间的作用力是引力，它的作用是使液体表面绷紧，就把这个力称作液体的表面张力。 （图） （1） F_1 （2） F_2 N M 表面张力：液面各部分间的相互吸引力。液体表面张力的作用点：在液面断裂处或边缘。 方向：沿着液面	引导学生用从肥皂膜完整的时候到刺破后棉线的状态来分析肥皂膜的表面张力方向的特点	学生画出棉线的受力情况，并在类比中理解表面张力的方向	从教材的概述和实验的现象来提炼表面张力的作用效果，便于学生更好地理解表面张力的方向	培养学生在抽象与概括的基础上，逐渐建立物理概念和理想模型，形成系统思维
	4. 液体表面收缩的特点。 通过把六面体铁线框放入肥皂水中，观看形成肥皂膜的过程。	演示实验，利用六面体上	1. 学生观看液体六面体肥皂	1. 学生学以致用，加深对所学知识	再次通过实验观察液体表面

教学环节		教师活动	学生活动	设计说明	科学思维培养
液体表面张力	（2）为什么肥皂泡、水珠是球状，而不是其他形状呢？ 为什么膜被拉得很大而不破裂？ 为什么吹出的肥皂泡是球形？ 为什么蛛网上水珠总是球形的？ 因为液体表面张力使液体表面形成了薄膜，而大的分子引力会使得膜大而不发生破裂；液体表面张力使得泡泡或液体表面积要收缩到最小。同体积球形的表面积最小。 播放我国宇航员王亚平在太空航行中做水球实验的视频。 	的肥皂膜特点引起学生思考液体表面收缩的特点有哪些。让学生联系观察生活实际的现象，并引导其思考原因。带领学生观察并发现绿叶上的水珠也不是绝对的球状，并引导其分析原因	膜收缩的过程，思考问题。 2. 学生思考，结合表面张力和表面积与体积的关系，了解肥皂泡、水珠呈球状的原因。学生认真观看视频，加深了对液体表面张力特点的理解	的理解。 2. 让学生从学习物理知识走向生活和生产。 3. 通过精彩的失重水球完美地体现了液体表面张力的特点	张力使液面收缩的趋势，结合生活实例，让学生对科学事实进行解释并提出自己的观点，提升学生的科学论证意识

181

教学环节		教师活动	学生活动	设计说明	科学思维培养
浸润和不浸润	1. 演示实验。 分别向一块洁净的玻璃板和一块涂蜡的玻璃上滴一滴水，慢慢抬起玻璃板的一端使它们倾斜。 在洁净的玻璃片上滴一滴水，这滴水会逐渐散开，附着在玻璃片上，变成一个薄层。 但如果换成石蜡，水就不会附着在石蜡片上，而是滚来滚去。这就和我们常见的荷叶上的水珠类似，荷叶不会有水迹。 2. 提出浸润和不浸润。 （1）浸润：一种液体会润湿某种固体并附着在固体表面。以上玻璃的这种现象叫作浸润。对玻璃来说，水就是浸润液体，所以可以说水能浸润玻璃。 （2）不浸润：一种液体不会润湿某种固体也不会附着在固体表面。 石蜡和水的这种现象就叫作不浸润，所以说水不浸润石蜡	1. 演示实验，问学生看到了什么现象。 2. 提问：同样是水珠，玻璃上的水珠是浸润的，防水布上的水珠是不浸润的，浸润和不浸润由什么来决定呢?	学生观看实验，了解什么是浸润和不浸润及它们各自的特点。	通过文字、图片了解并加深对浸润和不浸润的特点的理解	通过实验与观察，引导学生对物理规律与科学事实方面产生丰富的联想
	3. 微观解释浸润。 附着层	1. 利用图片，画图理解附着层，解释附着层分子和固体分子、液体内部分子之间	1. 学生认真听讲，理解附着层内的分子受分子力情况，从而理解浸润和不浸润现象	1. 通过图片和画图直观呈现附着层内的分子因受液体或固体分子力情况的不同而出现疏密情况，帮助	1. 培养学生运用之前学习的内容再次进行分析、综合、归纳推理的能力，使其对浸润

教学环节		教师活动	学生活动	设计说明	科学思维培养
浸润和不浸润	（1）附着层内分子受力情况：液体和固体接触时，附着层的液体分子除受液体内部的分子吸引外，还受到固体分子的吸引。 （2）浸润的成因： 当固体分子吸引力大于液体内部分子力时，这时表现为液体浸润固体。或者，附着层内分子间距离太小，分子间表现为排斥力，有扩展的趋势。 （3）不浸润的成因： 当固体分子吸引力小于液体内部分子力时，这时表现为液体不浸润固体。或者，附着层内分子间距离太大，分子间表现为引力，有收缩趋势。 特别提醒：浸润和不浸润是发生在两种材料（液体与固体）之间的，与这两种物质的性质都有关系，不能单说哪一种材料浸润或不浸润。 4. 关于浸润和不浸润，你还能想到生活中的哪些现象？ 洗衣服时，为了除去衣服上的油污，我们加入洗涤剂等	的分子力作用，从而出现了浸润和不浸润现象。 2. 通过图片展示，介绍液体与不同材质的固体接触以及浸润和不浸润在生产与生活中更广泛的应用	发生的原因。理解浸润和不浸润的相对性。 2. 学生通过图片来了解更多浸润和不浸润在生产和生活中应用的实例	学生理解浸润和不浸润现象发生的原因。 2. 学以致用，加深学生对浸润和不浸润的理解。 3. 让学生从学习物理知识走向生活和社会	和不浸润有更深入的理解。 2. 培养学生善于发现日常生活和生产实际中的物理问题，并对其进行理论验证

教学环节	教师活动	学生活动	设计说明	科学思维培养
毛细现象	1. 实验：播放实验视频。 概念：浸润液体在细管中上升以及不浸润液体在细管中下降的现象称为毛细现象。能发生毛细现象的细管，叫毛细管。毛细管越细，毛细现象的高度差越大。玻璃管中的水玻璃管中的水银表面张力 液体重力 2. 微观解释：浸润液体跟毛细管内壁接触时，主要体现的是由于分子斥力而引起液面凹陷，使液面变大。而表面张力的收缩作用要使液面减小，于是管内液体	1. 播放实验视频，并提问：（1）什么原因使液面上升？（2）上升的高度可能与哪些因素有关？ 2. 毛细现象产生原因的定性分析。 3. 介绍生产和生活中有关毛细现象的应用	学生观看实验视频，在浸润和不浸润的基础上理解什么是毛细现象。 2. 学生认真听讲，了解浸润、不浸润出现的凹面、凸面由于表面张力要收缩，而出现上拉、下拉的效果，直到与液体重力平衡为止。 3. 学生从例子中了解到毛细现象的应用	1. 直接根据实验引出什么是毛细现象。 2. 通过图片对比，加深学生对浸润和不浸润现象引起的管内液柱是升高还是降低的认识。 3. 通过画出液面与水平面的区别，直观展示出表面张力作用，帮助学生理解细管内液体为什么会上升或下降。 4. 丰富学生的见识，让学生从学习物理知识走向生活和社会	1. 通过比较实验的差异点和共同点，形成反差，激发学生探索欲望。 2. 提升学生运用分析综合和逻辑推理能力，加深学生对表面张力、浸润和不浸润知识的理解与应用。 3. 培养学生将所学的物理知识联系生产和生活实际，解释自然现象和解决实际问题

教学环节		教师活动	学生活动	设计说明	科学思维培养
毛细现象	随之上升，会减小液面。直到表面张力向上的拉引作用跟管内升高的液柱的重力达到平衡时，管内液体才会停止上升，并稳定在一定的高度。 3. 毛细现象的应用 （1）酒精灯里的酒精沿灯芯升到顶端； （2）植物茎内的导管就是植物体内的极细的毛细管，它能把土壤里的水分吸上来。 				
小结	液体表面张力：液面各部分间的相互吸引力。 作用点：在液面断裂处或边缘。 方向：沿着液面。 作用效果：使液面收缩绷紧，使其收缩到表面积最小。	引导学生回忆本节课的三个学习要点 1. 表面张力现象及	1. 学生回忆本节课主要学习内容。 2. 与教师一起总结	帮助学生形成整体知识结构，更好地理解各物理量及它们之间的内在	引导学生回顾本节课所用的分析与综合、抽象与概括、

教学环节		教师活动	学生活动	设计说明	科学思维培养
小结	毛细管中的浸润现象：向上弯的是浸润，向下弯的是不浸润	其成因和现象解释。2. 浸润和不浸润现象及其成因和应用。3. 毛细现象及其成因和应用	本节课主要学习内容	联系	逻辑推理等思维方法，学习本节课知识内容

（广东英德市英德中学　廖　亮）

第四篇

新高考物理试题研究

2021 年广东选择性考试物理试题分析

2019 年 12 月教育部考试中心制定的《中国高考评价体系》正式发布，评价体系由"一核""四层""四翼"三部分内容组成。其中"一核"为核心功能，即立德树人、服务选才、引导教学，回答"为什么考"的问题；"四层"为考查的内容，即核心价值、学科素养、关键能力、必备知识，回答"考什么"的问题；"四翼"为考查的要求，即基础性、综合性、应用性、创新性，回答"怎么考"的问题。

在"四层"内容构建中，其核心价值指明了立德树人的根本任务，具有方向引领的作用；学科素养是指学习者认识问题、分析问题、解决问题的综合品质，上能承接核心价值，下能统摄关键知识与必备能力，将课标核心素养要求与高校人才选拔目标有机融合。"四翼"是考查内容与高考命题实践之间联系的纽带，确保高考"服务选才、引导教学"功能得以落实。

基于高考评价体系的视角，本文对 2021 年广东选择性考试物理试题"怎么考"做具体分析，探寻高考评价体系指导下的广东选择性考试物理试题命题的特点，并提出高三备考复习的建议。

一、试卷分析

1. 试卷结构分析

试卷总分 100 分，考试时间 75 分钟，题型包含单项选择题、多项选择题、填空题、实验题和计算题 5 种类型，结构分析如表 1 所示。

表 1

题号	1~7	8~10	11~12	13~14	15~16（选考）	
					（1）	（2）
题型	单选题	多选题	实验题	计算题	填空题	计算题
分值	每题4分，共28分	每题6分，共18分	分别为7分、9分，共16分	分别为11分、15分，共26分	6分	6分

从反映学生水平准确程度来看，客观题（单选题和多选题）不如主观题（实验题、填空题和解答题），单选题不如多选题，填空题不如解答题。本套选择性考试试卷具有层次性、开放性，试卷保证学生具有足够的发挥空间，能很好地反映学生的学业水平层次，体现了高考评价体系的命题理念。

2. 试卷内容分析（见表2）

表 2

题型	题号	情境	考点	难度	"四翼"分析
单选题	1	银河系放射性同位素	衰变、半衰期	易	基础性、创新性
	2	"天和"绕地球运行	卫星参数估算地球质量	偏易	基础性
	3	曲辕犁与直辕犁	力的合成与分解、牛顿第三定律	偏易	基础性、应用性
	4	车库曲杆道闸	圆周运动、运动合成与分解	中	综合性、应用性
	5	通电长管形变	通电导线间相互作用（安培力）	偏易	基础性
	6	静电推进装置	静电场	中	综合性、应用性
	7	充电装置	交变电流、变压器	中	综合性
多选题	8	赛龙舟	运动图像	中	综合性
	9	山头投掷手榴弹	平抛运动、机械能	中	综合性、应用性
	10	金属杆在磁场中运动	电磁感应、安培力	中	综合性
实验题	11	测量缓冲装置中弹簧劲度系数	测量弹簧劲度系数	中	综合性、创新性

续 表

题型	题号	情境	考点	难度	"四翼"分析
实验题	12	研究热敏电阻阻值随温度的变化规律	等效替代法测量电阻	偏难	综合性、创新性
计算题	13	算盘算珠运动、碰撞	牛顿运动定律、动量守恒	中	综合性
	14	花瓣形电子加速器	带电粒子在电场、磁场（组合场）中运动	难	综合性
选考题	15（1）	客机上空矿泉水瓶	压强、分子动理论	易	基础性
	15（2）	护士抽取药瓶药液	玻意耳定律	中	综合性、应用性
	16（1）	弹簧振子振动	简谐振动	易	基础性
	16（2）	光从玻璃折射到空气	光的折射、全反射	中	综合性

二、试卷命题特点分析

1. 强调基础性，突出主干知识的考查

2021 年是广东省高考综合改革的落地之年，物理试题稳中求变、变中求新，立足必备知识，降低从情境中提取物理信息的难度，没有人为设置思维陷阱。试题注重考查基本概念、基本规律和基本方法，突出对学科主干内容的考查，重视对学生运用"力和运动的观点""能量的观点"分析解决问题方面的能力考查。

例1：2021 年 4 月，我国自主研发的空间站"天和"核心舱成功发射并入轨运行。若核心舱绕地球的运行视为匀速圆周运动，已知引力常量，由下列物理量能计算出地球质量的是（　　　）。

A. 核心舱的质量和绕地半径

B. 核心舱的质量和绕地周期

C. 核心舱的绕地角速度和绕地周期

D. 核心舱的绕地线速度和绕地半径

【答案】D

试题以空间站核心舱绕地球的运行为情境，考查学生万有引力定律的应用，是一道定性判断的基础性试题。应用万有引力定律求地球质量有两种方法：

（1）根据地球表面物体的重力近似等于地球对物体的万有引力求出，即 $mg = G\dfrac{Mm}{R^2}$；（2）根据万有引力提供月球（卫星）绕地球做匀速圆周运动的向心力求

出，即 $G\dfrac{Mm}{R^2} = m\dfrac{v^2}{r} = m\omega^2 r = m\left(\dfrac{2\pi}{T}\right)^2 r$　　得：$M = \dfrac{v^2 r}{G} = \dfrac{\omega^2 r^3}{G} = \dfrac{4\pi^2 r^3}{GT^2}$。

故 D 选项正确。

例 2：截面为正方形的绝缘弹性长管中心有一固定长直导线，长管外表面固定着对称分布的四根平行长直导线。若中心直导线通入电流 I_1，四根平行直导线均通入电流 I_2，$I_1 \gg I_2$，电流方向如图 1 所示。下列截面图中可正确表示通电后长管发生形变的是（　　）

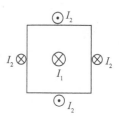

图 1

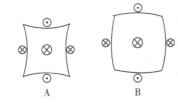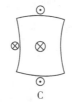

A　　　　　B　　　　　C　　　　　D

【答案】C

试题以通电直导线间的相互作用为情境，考查学生右手螺旋定则、左手定则等内容，是一道定性判断的基础试题。当两平行直导线电流方向相同时，由右手螺旋定则及左手定则，可知导线相互吸引；同理，当两直导线电流方向相反时，导线相互排斥。注意试题中的附加条件 $I_1 \gg I_2$，隐含着只考虑中心直导线 I_1 对长管外表面直导线 I_2 的作用，长管外表面的四根导线相互间的作用力可以忽略不计。

2. 增强综合性，突出物理模型的建立

综合性是将学科知识与能力的整合及运用，强调对不同模块知识的融会贯通，考查学生对学科内容的融合，突显对学生复合能力的要求。综合性试题难

度一般较大，往往向学生提供实际的问题情境，情境涉及诸多因素，要求学生能够舍弃次要因素，抓住主要因素，找出客观事物的本质特征，构建物理模型，从而最终解决问题。

例3：算盘是我国古老的计算工具，中心带孔的相同算珠可在算盘的固定导杆上滑动，使用前算珠需要归零。如图2所示，水平放置的算盘中有甲、乙两颗算珠未在归零位置，甲靠边框 b，甲、乙相隔 $s_1 = 3.5 \times 10^{-2}$ m，乙与边框 a 相隔 $s_2 = 2.0 \times 10^{-2}$ m，算珠与导杆间的动摩擦因数 $\mu = 0.1$。现用手指将甲以 0.4m/s 的初速度拨出，甲、乙碰撞后甲的速度大小为 0.1m/s，方向不变，碰撞时间极短且不计，重力加速度 g 取 10m/s^2。

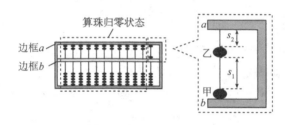

图2

（1）通过计算，判断乙算珠能否滑动到边框 a；

（2）求甲算珠从拨出到停下所需的时间。

【答案】（1）能；（2）0.2s。

试题以算盘中的算珠运动为情境，考查学生对运动学公式（动能定理）、牛顿运动定律与动量守恒定律等物理概念和规律的掌握程度。试题难度较大，要求学生能迅速舍弃次要因素，抓住主要因素，构建物理模型；即以甲、乙两颗算珠为研究对象，甲以初速度 0.4m/s 匀减速滑动 s_1，甲、乙碰撞（注意不是弹性碰撞），甲、乙向边框匀减速滑动的三个过程。本题如果对动摩擦因数取值减小，假设乙与边框碰撞后，以大小不变的速度反弹，过程会更复杂，但更能突显对学生复合能力的考查要求。

3. 强化应用性，突出物理情境的创设

应用性是体现"从生活走向物理，从物理走向社会"的课程理念，以实际的生活生产实践、学习探索情境为载体，突出学以致用，体现物理学科核心价值。在本套试卷中，情境类试题在数量和分值方面比全国卷都有明显提升，试题自身的命制也很出彩，已经逐渐走出简单借用生活实践情境外壳的现象，能够切实地将知识与能力的考查融入问题情境之中。

例4：由于高度限制，车库出入口采用如图3所示的曲杆道闸，道闸由转动杆 OP 与横杆 PQ 链接而成，P、Q 为横杆的两个端点。在道闸抬起过程中，杆 PQ 始终保持水平。杆 OP 绕 O 点从与水平方向成30°匀速转动到60°的过程中，下列说法正确的是（　　　）。

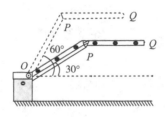

图3

A. P 点的线速度大小不变

B. P 点的加速度方向不变

C. Q 点在竖直方向做匀速运动

D. Q 点在水平方向做匀速运动

【答案】A

这是一道联系生活实际的试题，以车库曲杆道闸的升降为情境，考查学生圆周运动、运动合成与分解等知识内容。如图4所示，解答时应对曲杆道闸进行模型建构，明确 P 点是以 O 点为圆心，OP 为半径 r 做匀速圆周运动；Q 点运动速度始终与 P 点相同，$V_Q = V_P$，注意 Q 点不是做匀速圆周运动；Q 点在竖直方向做变速运动，$V_1 = V_Q \cos\theta = \omega r \cos\theta$，$Q$ 点在水平方向做变速运动 $V_2 = V_Q \sin\theta = \omega r \sin\theta$。

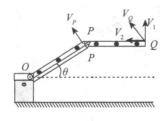

图4

4. 深化创新性，渗透对物理思想、物理方法的考查

创新性体现在试题以核心价值为引领，以技术发展等情境为载体，促使学生主动思考，发现新问题，找到新规律，得出新结论，突出对学生应用物理学中的思想方法、策略技巧解决问题能力的考查。

例5：科学家发现银河系中存在大量的放射性同位素铝26。铝26的半衰期为72万年，其衰变方程为$^{26}_{13}Al \rightarrow ^{26}_{12}Mg + Y$。下列说法正确的是（　　　）

　　A. Y是氦核

　　B. Y是质子

　　C. 再经过72万年，现有的铝26衰变一半

　　D. 再经过144万年，现有的铝26全部衰变

【答案】C

试题以放射性同位素铝26衰变为情境，考查学生原子核衰变规律、半衰期等知识。试题的创新之处在于放射性同位素铝26的衰变是反粒子衰变，高中教材并没有介绍这种衰变，这需要学生进行类比推理得出，反粒子衰变与正常衰变在基本规律上是相同的。

例6：某兴趣小组测量一缓冲装置中弹簧的劲度系数，缓冲装置如图5所示，固定在斜面上的透明有机玻璃管与水平面所成夹角为30°，弹簧固定在有机玻璃管底端。实验过程如下：先沿管轴线方向固定一毫米刻度尺，再将单个质量为200g的钢球（直径略小于玻璃管内径）逐个从管口滑进，每滑进一个钢球，待弹簧静止，记录管内钢球的个数n和弹簧上端对应的刻度尺示数L_n，数据如表3所示，实验过程中弹簧始终处于弹性限度内。采用逐差法计算弹簧压缩量，进而计算其劲度系数。

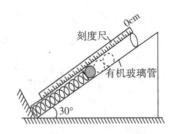

图5

表3

n	1	2	3	4	5	6
L_n/cm	8.04	10.03	12.05	14.07	16.11	18.09

（1）利用 $\Delta L_i = L_{i+3} - L_i$（$i=1$，2，3）计算弹簧的压缩量：$\Delta L_1 = 6.03\text{cm}$，

$\Delta L_2 = 6.08\text{cm}$，$\Delta L_3 = \underline{\qquad}$ cm，压缩量的平均值 $\overline{\Delta L} = \dfrac{\Delta L_1 + \Delta L_2 + \Delta L_3}{3} =$

$\underline{\qquad}$ cm。

（2）上述 $\overline{\Delta L}$ 是管中增加 $\underline{\qquad}$ 个钢球时产生的弹簧平均压缩量；

（3）忽略摩擦，重力加速度 g 取 9.80m/s^2，该弹簧的劲度系数为 $\underline{\qquad}$ N/m（结果保留 3 位有效数字）。

【答案】（1）6.04，6.05；（2）3；（3）48.6。

试题设置测量弹簧劲度系数的学习探究情境，考查学生对实验现象和结果进行解释、分析和处理能力。通常测量弹簧的劲度系数都是测量拉伸弹簧劲度系数，而试题设计的是测量压缩弹簧的劲度系数，这是试题的创新之一；逐差法通常用于纸带（频闪照相）的数据处理，而试题明确要求利用逐差法计算弹簧压缩量，这是试题的创新之二。试题可以说是源于教材，但又高于教材，不拘泥于教材，情景求新，新而不难，新而不偏。

三、高三备考复习建议

2021 年广东选择性考试物理试题与传统全国高考试题的不同之处在于：试题更加注重对物理基本概念、基本规律的考查，对应用数学知识解决问题能力要求有所降低，试题难度主要体现在信息获取，模型构建、知识迁移等方面。建议高三复习备考，避免题海战术，要搞懂基本概念、掌握基本模型，回到物理思想、物理方法主线，根本实现从"解题"到"解决问题"的转变。

首先，在备考复习中要注重培养学生解决情境化物理问题的能力。通过分析近年来高考物理试题可知，试题一直非常注重理论联系实际，注重结合生产和生活、现代社会及科技发展设计问题情景，凸显现代科学技术发展的重要成果和科学思想，考查学生学以致用的能力，呈现物理学科在解决实际问题中的应用价值。高三备考过程中，要回归知识生产过程的本源，还原知识运用的实际过程，充分挖掘与生活实践、学习探究情境相关的素材，促使学生主动思考、分析材料、提取信息、建立模型，培养学生解决实际问题的能力。

其次，在备考复习中要注重培养学生的信息获取、知识整合能力。近年高考物理试题注重利用图像、图表等方式呈现丰富的物理信息，增加试题信息的广度，考查学生的信息获取、信息加工、逻辑推理等关键能力；这要求学生能

利用关键信息进行推理判断，建立文字、图像、图表等不同信息呈现方式之间的联系，构建正确的物理图景。高三备考过程中，要多设置新颖的问题情境，提供多元化的信息呈现方式，启发学生提取有效信息，减少无关信息的干扰，引导学生将试题中抽象出来的信息进行迁移，转变成自己熟悉的信息，帮助学生对信息进行重组、加工、梳理，找出其内在联系，形成解题思路。

最后，在备考复习中要注重培养学生的实验探究能力。高考不仅要求学生掌握教材中要求的实验原理、实验器材、实验步骤、实验数据处理等知识，还要求学生具备能根据问题情境自主设计实验与制订方案，完成探究实验的能力。备考复习过程中，要注意在掌握教材实验的基础上，从实验原理、器材与数据处理等各方面对实验进行延伸拓展，改进实验方案，对实验结果的物理意义和实验误差产生的原因进行讨论，从而提高学生的实验探究能力，培养学生的创新意识。

参考文献

[1] 中华人民共和国教育部. 普通高中物理课程标准（2017 年版）[M].
北京：人民教育出版社，2018.

[2] 教育部考试中心. 中国高考评价体系 [M]. 北京：人民教育出版社，2019.

[3] 教育部考试中心. 中国高考评价体系说明 [M]. 北京：人民教育出版社，2019.

[4] 李红伟. 近五年高考新课标全国卷理综物理选择题分析 [J]. 物理通报，2013（2）：86 - 89.

（广州市第五中学　李红伟）

高考评价体系下的高考物理试卷分析

——以 2022 年广东选择性考试物理试卷为例

一、基于高考评价体系构建的高考物理试题分析框架

《中国高考评价体系》是新高考内容改革的理论支撑和实践指南。高考评价体系由"一核""四层""四翼"组成。其中"一核"为核心功能，即立德树人、服务选才、引导教学，回答"为什么考"的问题；"四层"为考查的内容，即核心价值、学科素养、关键能力、必备知识，回答"考什么"的问题；"四翼"为考查的要求，即基础性、综合性、应用性、创新性回答"怎么考"的问题。

在高考评价体系中，"四层"细化到物理学科具体是指：①物理学科核心价值包括学科社会价值、学科本质价值和学科育人价值三个方面。弘扬爱国主义情怀是物理学科的社会价值，认识物理学对人类文明和社会进步的贡献是对物理学科本质价值的体现，提高学生对科学的兴趣及使其形成科学服务于人类的意识是物理学科育人价值的重要体现。②物理学科核心素养主要包括物理观念、科学思维、科学探究、科学态度与责任四个方面。③物理学科关键能力包括理解能力、信息获取能力、模型建构能力、推理论证能力、实验探究能力、创新能力等。④物理学科必备知识包括力学、电磁学、热学、光学、原子物理五个方面。力学主要包括机械运动与物理模型、相互作用与运动定律、机械能及其守恒定律、曲线运动与万有引力、动量与动量守恒定律、机械振动与机械波等，电磁学主要包括静电场、电路及其应用、磁场、电磁感应及其应用等，热学主要包括固体、液体、气体和热力学定律，光学主要包括光及其应用、波粒二象性，原子物理主要包括原子结构与原子核。

基于高考评价体系的要求，物理试题的命制要求准确把握素养、情境、问题、知识及能力等要素关系，以物理学科核心素养为导向，创设真实的试题情境，渗透核心价值的育人功能，以实际问题为考查内容，重视必备知识，突出对学生关键能力的考查。图 1 是基于高考评价体系下构建的高考物理试题分析框架。

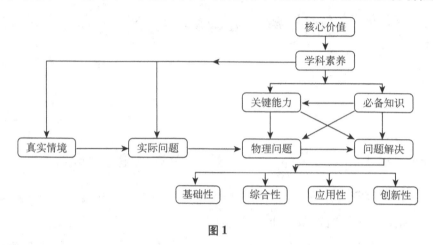

图 1

二、2022 年广东选择性考试物理试卷分析

2022 年广东选择性考试物理试题，体现了高考命题评价体系的要求，贴近学生生活实际与教学实际；强调基础，突出主干，突出对学生物理学科核心素养的考查。对比 2021 年广东选择性考试物理试题，其在难度、区分度方面都有所提升，能较好地发挥物理学科在高考中的选拔功能，有利于正确引导中学物理教学，具体分析如下。

1. 试卷结构分析

试卷总分 100 分，考试时间 75 分钟，题型包含单项选择题、多项选择题、填空题、实验题和计算题五种类型。2022 年广东选择性考试物理试卷结构，如表 1 所示。

表 1

题号	1~7	8~10	11~12	13~14	15~16（选考）	
					（1）	（2）
题型	单选题	多选题	实验题	计算题	填空题	计算题
分值	每题 4 分，共 28 分	每题 6 分，共 18 分	分别为 7 分、9 分，共 16 分	分别为 11 分、15 分，共 26 分	6 分	6 分

2. 试卷内容分析

笔者从试题情境、必备知识、关键能力、学科素养、核心价值、"四翼"等方面，对2022年广东选择性考试物理试题内容进行分析。2022年广东选择性考试物理试题分析如表2所示。

表2

题号	题型	分值	情境	四层				四翼
				必备知识	关键能力	学科素养	核心价值	
1	单选题	4	制作豆腐的石磨	共点力平衡	模型建构	物理观念、科学态度与责任	社会价值	基础性
2		4	"祝融号"火星车冬季"休眠"	万有引力定律应用	科学推理	科学思维、科学态度与责任	社会价值	基础性
3		4	滑雪运动员沿斜坡滑下	牛顿第二定律、平抛运动	模型建构、科学推理	科学思维	育人价值	应用性
4		4	旋转磁极式发电机	交变电流	理解能力	物理观念	本质价值	应用性
5		4	氢原子跃迁	氢原子能级跃迁	信息加工、科学论证	科学思维	本质价值	基础性
6		4	玩具弹射击积木	运动合成与分解	模型建构	科学思维	育人价值	应用性
7		4	质子在磁场中运动	带电粒子在磁场中运动	模型建构、空间想象	科学思维	本质价值	综合性
8	多选题	6	磁控管	带电粒子在复合场中运动	理解能力	物理观念	本质价值	应用性
9		6	无人驾驶小车	功和功率、功能关系	科学推理	科学思维、科学态度与责任	社会价值	应用性

题号	题型	分值	情境	四层				四翼
				必备知识	关键能力	学科素养	核心价值	
10	多选题	6	恒定电流的长直导线磁场	通电直导线周围磁场、电磁感应	空间想象、科学推理	科学思维	本质价值	综合性
11	实验题	7	测量小球机械能损失	螺旋测微器读数、光电门	实验探究、推理论证	科学探究、科学思维	本质价值	综合性
12		9	测量导电绳电阻与绳长间的关系	电路知识、电学实验原理	实验探究、推理论证、创新能力	科学探究、科学思维	本质价值	综合性、创新性
13	计算题	11	自动雨伞开伞过程	牛顿运动定律、动量守恒、动能定理等	模型建构、科学推理	科学思维	育人价值	综合性
14		15	密立根油滴实验	匀强电场、受力平衡条件、动量守恒等	信息加工、模型建构、推理论证	科学探究、科学思维、科学态度与责任	本质价值	综合性、创新性
15(1)	选考3-3	6	空调工作	热力学定律	理解能力	物理观念	育人价值	基础性
15(2)		6	测量水深简易装置	压强、玻意耳定律	科学推理	科学思维	育人价值	应用性
16(1)	选考3-4	6	绳波传播	机械波	理解能力	物理观念	本质价值	基础性
16(2)		6	全反射演示实验	全反射	科学推理	科学思维	本质价值	基础性

三、2022 年广东选择性考试物理试卷特点

1. 以核心素养为测试目的，紧扣"四层"命题理念

试题注重学科知识的系统考查，突出对学生力与运动、功与能、冲量与动量、场和路、电磁感应等核心与必备知识的考查，重视物理情境化试题的命制，理论联系实际，注重物理与科学技术、社会和经济发展之间的联系，注重物理知识在生产、生活等方面的广泛应用。

试卷在"素养导向、能力为重"方面做了很大的努力，突出对学生理解能力、推理论证能力、模型建构能力、实验探究能力、创新能力等关键能力的考查；重视考查学生综合运用物理知识和科学方法解决实际问题的能力，以体现考生思维广度、深度及灵活度。试题命制在总体上遵循"难易结合，从易到难"的原则，选择题部分总体难度不大，目的是让考生在主观题部分有充分时间展示他们的各种学科能力，这有助于推动物理教学中对"物理观念"学科素养的重视。两道实验题，都对实验进行了比较完整的描述，加强了对学生在实验中动手能力的考查，凸显了对学生的实验创新设计能力、获取数据与处理数据能力、误差分析能力、改进实验的能力的考查，这有助于推动物理教学中对"科学探究"学科素养的重视。计算题借助真实情境载体，重视分析过程及物理思维方法和数理方法的表述，强化符号运算，考查了考生模型建构、推理论证等方面能力，这有助于推动物理教学中对"科学思维"学科素养的重视。

试题情境素材丰富多样，是渗透爱国主义教育，植入中华优秀传统文化和科技发展的最新成果，密切物理与生产、生活、社会的联系，引导学生在知识积累、能力提升和素质养成的过程中，逐步形成正确的政治立场和思想观念、世界观和方法论、道德品质和综合素质。

2. 以真实情境为测试载体，彰显学科育人价值

（1）以科技发展新成就为情境，落实立德树人，厚植爱国主义情怀。

试题在情境的设计中，注意结合当代重大科技成果，展示科学技术日新月异的进步，在考查学生物理核心素养的同时，突出物理学科的创新性与科学性的功能，发挥其对物理教学的积极导向作用。

例1："祝融号"火星车需要"休眠"以度过火星寒冷的冬季。假设火星和地球的冬季是各自公转周期的 1/4，且火星的冬季时长约为地球的 1.88 倍。火

星和地球绕太阳的公转均可视为匀速圆周运动。下列关于火星、地球公转的说法正确的是（　　）。

　　A．火星公转的线速度比地球的大

　　B．火星公转的角速度比地球的大

　　C．火星公转的半径比地球的小

　　D．火星公转的加速度比地球的小

【答案】D

本题以我国首辆火星车"祝融号"为试题背景，考查学生对万有引力定律的应用能力，引导学生关心国内外科技发展的新成就，关注人类对浩瀚星空、未知宇宙的持续探索，拓展学生的科学视野，提高学生对科学的兴趣，培养学生振兴中华的使命感。

（2）以生产和生活实际为情境，凸显学以致用，加强对学生体育和劳动精神的引导。

试题较好地贯彻"五育"方针，发挥物理学科特点，设计与体育运动和生产劳动相联系的实际情境，培养学生热爱体育和劳动，引导学生增强体育健康意识、树立劳动观念。

例2：图2是可用来制作豆腐的石磨。木柄 AB 静止时，连接 AB 的轻绳处于绷紧状态。O 点是三根轻绳的节点，F、F_1 和 F_2 分别表示三根绳的拉力大小，$F_1 = F_2$ 且 $\angle AOB = 60°$。下列关系式正确的是（　　）。

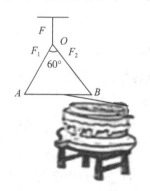

图2

A．$F = F_1$　　　　　　　B．$F = 2F_1$

C．$F = 3F_1$　　　　　　　D．$F = \sqrt{3}F_1$

【答案】D

试题结合生产劳动情境，考查共点力平衡知识，考查学生运用物理概念、物理规律解决生产劳动中的相关问题，引导学生积极参加劳动实践，树立正确的劳动观念，培育学生积极劳动的精神。

（3）以学习探索问题为情境，发挥学科特点，加强对学生审美观念的考查。

培养学生高尚的道德情操和健康的审美情趣，形成正确的价值观和积极的人生态度，是学科教学的一项重要要求。物理试题命制者充分发挥物理学科特点，设计与美育相联系的学习探索情境，培养学生认识美、感受美、热爱美、创造美，引导学生加强审美观念，促进学生全面发展。

例 3：如图 3 所示，水平地面（Oxy 平面）下有一根平行于 y 轴且通有恒定电流 I 的长直导线。P、M 和 N 为地面上的三点，P 点位于导线正上方，MN 平行于 y 轴，PN 平行于 x 轴。一闭合的圆形金属线圈，圆心在 P 点，可沿不同方向以相同的速率做匀速直线运动，运动过程中线圈平面始终与地面平行。下列说法正确的有（　　）。

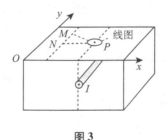

图 3

A. N 点与 M 点的磁感应强度大小相等，方向相同

B. 线圈沿 PN 方向运动时，穿过线圈的磁通量不变

C. 线圈从 P 点开始竖直向上运动时，线圈中无感应电流

D. 线圈从 P 到 M 过程的感应电动势与从 P 到 N 过程的感应电动势相等

【答案】AC

试题以通电长直导线产生磁场为情境，考查学生安培定则、磁通量、电磁感应等知识，考查了学生综合分析能力、空间想象和抽象思维能力。解答中，根据 M、N 两点连线与长直导线平行、两点与长直导线的距离相同，判断两点产生的磁感应强度大小相等、方向相同；通过磁感线穿进与穿出在线圈中对称

与否，判断线圈的磁通量是否会发生变化，这些都体现了电磁学规律中的对称美。

（4）以探究实验问题为情境，创设真实实验环境，强化对学生科学思维的考查。

探究活动过程就是问题解决的过程，而问题的解决往往伴随着科学思维过程。探究活动一般包括提出问题、分析问题、提出假设、检验假设、得出结论等环节，必将伴随着建构模型、分析综合、推理论证、反思创新的科学思维过程。2022年广东选择性考试物理试卷第14题进行了大胆尝试，以密立根油滴实验为情境，引导学生解释、解决探究过程中出现的实际现象和问题，从而达到对学生科学思维素养考查的目的。

例4：密立根通过观测油滴的运动规律证明了电荷的量子性，因此获得了1923年的诺贝尔物理学奖。图4是密立根油滴实验的原理示意图，两个水平放置、相距为 d 的足够大的金属极板，上极板中央有一小孔。通过小孔喷入一些小油滴，由于碰撞或摩擦，部分油滴带上了电荷。有两个质量均为 m_0、位于同一竖直线上的球形小油滴 A 和 B，在时间 t 内都匀速下落了距离 h_1。此时给两极板加上电压 U（上极板接正极），A 继续以原速度下落，B 经过一段时间后向上匀速运动。B 在匀速运动时间 t 内上升了距离 h_2（$h_2 = h_1$），随后与 A 合并，形成一个球形新油滴，继续在两极板间运动直至匀速。已知球形油滴受到的空气阻力大小为 $f = km^{\frac{1}{3}}v$，其中 k 为比例系数，m 为油滴质量，v 为油滴运动速率，不计空气浮力，重力加速度为 g。求：

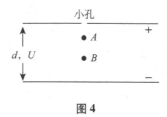

图 4

（1）比例系数 k；

（2）油滴 A、B 的带电量和电性；B 上升距离 h_2 电势能的变化量；

（3）新油滴匀速运动速度的大小和方向。

【答案】　（1）$\dfrac{m^{\frac{2}{3}}gt}{h_1}$；　（2）油滴 A 不带电，油滴 B 带负电，电荷量为

$\dfrac{mgd\ (h_1+h_2)}{h_1U}$，$B$ 的电势能的变化量为 $\dfrac{mgh_2\ (h_1+h_2)}{h_1}$；（3）若 $F>2mg$，$v=$

$\dfrac{h_2-h_1}{\sqrt[3]{2t}}$，速度方向向上；若 $F<2mg$，$v=\dfrac{h_1-h_2}{\sqrt[3]{2t}}$，速度方向向下。

试题以密立根油滴实验为情境，以实验的真实现象为问题载体，考查带电粒子在复合场（电场、重力场）中的运动问题，考查了学生空间想象、科学思维、解决问题等方面能力。试题要求学生受力分析基本功扎实，在第（3）问分类讨论中，对学生思维的深刻性要求较高。要求学生从不同角度正确、全面、透彻地看待问题，引导学生多角度地审视问题。

3. 以实际问题为测试任务，突出信息获取能力考查

创新性试题，往往是以新情境为载体进行创新，而新情境信息的呈现更多的是借助图像方式。图像与物理知识相结合，要求学生"作图、读图、析图、用图"，有效地考查了学生获取图像信息能力、分析问题能力和解决问题能力，这与物理核心素养的要求恰好是一致的。物理图像可分为实物效果图、实验装置图、函数曲线图、情境示意图、电路示意图。2022 年广东选择性考试物理试题图像统计如表 3。

表 3

题号	图像	图像类型	能力考查
1	石磨	实物效果图	情境分析能力
3	滑雪道、$v-t$ 图像、$a-t$ 图像	情境示意图、函数曲线图	具体情境转化信息的能力
4	发电机原理图	情境示意图	理解原理，知识迁移能力
5	电磁波谱	情境示意图	图像识别应用能力
6	子弹射击小积木	情境示意图	具体情境定性分析
7	B 分布的立方体空间图、平面投影图	情境示意图、函数曲线图	问题分析的能力、空间想象能力
8	磁控管	情境示意图	情境转化能力
9	无人驾驶小车运动	情境示意图	具体情境转化信息的能力
10	长直导线	情境示意图	问题分析的能力、空间想象能力

续 表

题号	图像	图像类型	能力考查
11	装置图、螺旋测微器示数	实验装置图、情境示意图	理解应用图像能力、直接获取信息
12	装置图、电路图、$R_x - L$ 图	实验装置图、电路示意图、函数曲线图	综合实验能力、用图像分析数据能力
13	自动雨伞开伞	情境示意图	模型的抽象理解能力
14	密立根油滴实验	实物效果图	综合分析能力
15（2）	玻璃瓶	情境示意图	情境分析能力
16（1）	软绳形成的简谐波	情境示意图	情境分析能力
16（2）	圆柱形罐体	情境示意图	抽象理解能力

2022 年广东选择性考试物理试题有图像 21 幅，涉及图像的试题有 15 道，比例高达 93.8%。这些图像给学生一种直观明了的印象，但图像中往往蕴藏着丰富的内涵，其中包括很多解题的重要信息，这些信息给人以启迪和思考。从图中获取有效信息，才能够提高审题的速度，节省审题的时间，优化解题的过程。

例 5： 弹性导电绳逐步成为智能控制系统中部分传感器的敏感元件，某同学测量弹性导电绳的电阻与拉伸后绳长之间的关系，实验过程如下：

（1）装置安装和电路连接：如图 5（a）所示，导电绳的一端固定，另一端作为拉伸端，两端分别用带有金属夹 A、B 的导线接入如图 5（b）所示的电路中。

（2）导电绳拉伸后的长度 L 及其电阻 R_x 的测量。

① 将导电绳拉伸后，用刻度尺测量并记录 A、B 间的距离，即为导电绳拉伸后的长度 L。

② 将滑动变阻器 R 的滑片滑到最右端。断开开关 S_2，闭合开关 S_1，调节 R，使电压表和电流表的指针偏转到合适位置。记录两表的示数 U 和 I_1。

③ 闭合 S_2，电压表的示数_____（选填"变大"或"变小"）。调节 R 使电压表的示数仍为 U，记录电流表的示数 I_2，则此时导电绳的电阻 $R_X =$ _____（用 I_1、I_2 和 U 表示）。

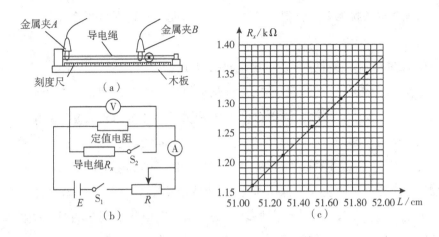

图 5

④ 断开 S_1，增大导电绳拉伸量，测量并记录 A、B 间的距离，重复步骤②和③。

（3）该电压表内阻对导电绳电阻的测量值＿＿＿＿＿（选填"有"或"无"）影响。

（4）图（c）是根据部分实验数据描绘的 R_X-L 图线。将该导电绳两端固定在某种机械臂上，当机械臂弯曲后，测得导电绳的电阻 R_X 为 1.3kΩ，则由图线可读出导电绳拉伸后的长度为＿＿＿＿＿cm，即为机械臂弯曲后的长度。

【答案】（2）③变小，$\dfrac{U}{I_2-I_1}$；（3）无；（4）51.80。

试题信息载体包括文字、图片、表格、示意图、公式等形式，可以是用单纯的文字形式呈现信息，也可以是用文字与其他形式组合呈现信息。本道实验题除文字陈述以外，还提供了实验装置图、电路示意图、函数曲线图，要求学生在处理问题时应注意不同信息载体间的联系，结合装置图、电路图理解实验原理，通过实验原理完成实验步骤，利用 R_X-L 图像解决实际问题。

四、启示与建议

2022 年广东选择性考试物理试题总体呈现了"立德树人、服务选才、引导教学"的核心功能，落实了"核心价值、学科素养、关键能力、必备知识"的命题理念，试题情境根植于中华传统文化、社会热点、科技前沿，试题区分度高，体现了对学生"基础性、综合性、应用性、创新性"的考查要求，充分发挥了物理学科独特的育人价值。今后广东选择性考试物理命题将秉承这些理念与走向。

1. 注重基础，强化主干，考查学科关键能力

试卷将继续加强对学生基本概念、基本规律、基本技能、基本物理思想方法的考查。这要求学生在物理概念问题中要明确为什么引入概念，弄清楚概念的本质，知道概念的内涵与外延，了解相关概念间的联系与区别，运用联系与比较的观点形成概念体系，结合社会、技术、生活实际运用概念解释实际问题；在物理规律方面，学生要了解物理规律的建立过程，掌握物理规律的文字叙述、数学表述，理解物理规律中相关物理量的意义，明确物理规律的成立条件和适用范围，能够运用物理规律解决社会、生产、生活中的实际问题。

试卷将强化学生对主干知识的掌握，突出对匀变速直线运动规律、牛顿运动定律、万有引力定律、动能定理、能量守恒、动量定理、动量守恒定律、法拉第电磁感应定律等主干知识的综合考查，有意识地引导学生运用物理方法分析问题、解决问题，引导学生在学习过程中重视科学方法的理解和运用，并将其内化为自身的思维方式，最终达到提高学生解决问题能力的目的。

对比综合卷，广东选择性考试物理试卷选择题数量增多，知识点覆盖面增大，这对学生的关键能力的培养提出了更高的要求。在教学过程中，教师应帮助学生将高中物理知识结构化，形成完整的知识体系，培养学生理解与综合分析能力；引导学生运用物理知识解决实际问题，培养学生归纳、推理、论证的能力；回归教材，熟练掌握物理实验基本操作，并对课本实验进行拓展、迁移，培养学生探究能力与创新能力。

2. 关注科技前沿和中华优秀传统文化，创设真实的问题情境

物理源于生活，回归生活。这两年广东选择性考试物理试题，注重实际问题的解决，强调在真实的试题情境中考查物理知识内容，让实际问题的解答变得更有意义。在教学过程中，教师要多关注科技前沿知识和优秀传统文化内容，如《天工开物》中提到的提水工具和声学论述，我国最新科技发展成果，中国空间站建设、"天眼"的投入使用、高速磁悬试验样车成功试跑，以及真实的生产和生活情境等素材。这些内容博古通今，与学生的真实生活密切相关，有助于发挥物理学科的育人功能和核心价值，能真实、有效地考查学生的学科核心素养。

　　物理学科核心素养的考查不能空洞虚化，必须借助情境载体来实现。高考物理命题者从不同的角度植入情境素材，在考查学生学科关键能力的同时，充分发挥学科独特的育人价值。从以下几个方面去关注情境素材的选取：（1）从《天工开物》《耒耜经》《梦溪笔谈》《墨经》《自然哲学的数学原理》等经典著作中挖掘物理试题素材；（2）从当今社会热点问题中挖掘物理试题素材，如航空航天技术、体育运动、环境保护等；（3）从科技前沿中挖掘物理试题素材，展示国际权威学术期刊中科学家的最新科研成果，如光导纤维应用、量子通信发展、核聚变的研究、超导方面的突破等。

3. 突显学科核心素养的要求，强化科学思维能力的培养

　　2022 年广东选择性考试物理试题考查了物理学科核心素养的 4 个方面和 5 个水平，不同素养类型考查的水平等级侧重不同，不同知识涉及的素养水平要求也各不相同。例如，物理观念素养考查的内容包括超重与失重、库仑定律、振动和波、热力学定律等，主要考查学生素养水平 2，难度中等；通过受力平衡、平抛运动、天体运动、带电粒子在电磁场中运动等内容，对科学推理素养进行考查，主要考查学生素养水平 3，难度较大；通过牛顿运动定律动能定理、能量守恒定律、动量定理、动量守恒定律、法拉第电磁感应定律等内容，对科学推理素养进行综合考查，主要考查学生素养水平 4，难度大；科学探究素养考查的内容如纸带问题、电阻测量等，主要考查学生素养水平 3，难度较大；科学态度与社会责任一般考查素养水平 2 且分数占比较低。

　　2022 年广东高考试题第 7、10 题引入了立体图形，考查学生在立体空间模型中应用物理规律解决问题的能力；第 15 题利用真实的实验现象作为命题情境，陌生的情境在一定程度上增加了考生的心理负担，同时第（3）问分类讨论、计算难度明显偏大；这样设计的主要目的是增加试卷难度与区分度，考查学生的高阶思维，为高校选拔创新型的高素质人才。

　　2022 年广东选择性考试物理试题层次分明、区分度较高，落实了"基础性、综合性、应用性、创新性"的考查要求，也对物理教师教学素养提出了更高的要求。教师需要认真学习新颁布的《普通高中物理课程标准》，明确不同的知识组块对学科核心素养 4 个方面对应的不同水平要求，把握教学的深度、难度和广度，强化对学生逻辑思维、创新思维等科学思维的培养。

参考文献

［1］中华人民共和国教育部. 普通高中物理课程标准（2017 年版）［M］. 北京：人民教育出版社，2018.

［2］教育部考试中心. 中国高考评价体系［M］. 北京：人民教育出版社，2019.

［3］教育部考试中心. 中国高考评价体系说明［M］. 北京：人民教育出版社，2019.

［4］李红伟. 2021 年广东选择性考试物理试题分析［J］. 广东教育，2021（8）：61 – 63.

［5］教育部考试中心. 加强关键能力考查促进学科素养提升——2020 年高考物理全国卷试题评析［J］. 中国考试，2020（8）：39 – 42.

［6］教育部考试中心. 注重理论联系实际加强物理学科素养考查——2019 年高考物理试题评析［J］. 中国考试，2019（7）：15 – 19.

（广州市第五中学　李红伟）

情境化物理试题的特点及解题策略

　　《普通高中物理课程标准（2017 年版）》针对学业水平考试与命题建议提出：评价学生的物理核心素养，应尽量创设类型多样的、具有一定复杂程度的、开放性的真实情境作为试题的任务情境。随着各地新高考改革的深入开展，推进情境化试题改革渐已成为高考命题改革的新动向。情境化试题是指以自然界与社会生产、生活客观存在的物理现象或过程为背景材料，全方位关联物理学科知识，联系生活经验的一种试题，是考查学生对物理概念、规律的理解与应用能力的试题。情境化试题能够较好地考查学生获取信息的能力、分析解决问题能力、逻辑推理能力及联系实际能力等物理学科核心能力。通过情境化试题考查学生的物理核心素养，渐已成为高考命题改革的新动向。本文通过研究情境化物理试题的特点及解答方法，力求达到提高物理高考备考效率的目的。

一、情境化试题特点

1. 试题情境具有真实性和实用性

　　情境化试题通常取自生产、生活实际情景，设置的问题也紧扣生活实际。这类试题能够引导学生在学习过程中树立"从生活走向物理，从物理走向社会"的实践意识。

　　例 1：拖把是由拖杆和拖把头构成的擦地工具（如图 1）。设拖把头的质量为 m，拖杆质量可以忽略；拖把头与地板之间的动摩擦因数为常数 μ，重力加速度为 g，某同学用该拖把在水平地板上拖地时，沿拖杆方向推拖把，拖杆与竖直方向的夹角为 θ。

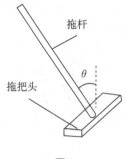

图 1

（1）若拖把头在地板上匀速移动，求推拖把的力的大小。

（2）设能使该拖把在地板上从静止刚好开始运动的水平推力与此时地板对拖把的正压力的比值为 λ。已知存在一临界角 θ_0，若 $\theta \leqslant \theta_0$，则不管沿拖杆方向的推力多大，都不可能使拖把从静止开始运动。求这一临界角的正切 $\tan\theta_0$。

【答案】（1）$\dfrac{\mu mg}{\sin\theta - \mu\cos\theta}$；（2）$\tan\theta_0 = \lambda\theta$。

【分析】（1）对拖把头受力分析，利用竖直方向和水平方向合力为零，运用正交分解求出推力 F 的大小。（2）当推力 F 的水平分力小于等于最大静摩擦力时，不管沿拖杆方向的推力多大，都不可能使拖把从静止开始运动。结合第（1）问的结果，得到 λ 的表达式，采用极限法：当 F 无限大时的情况求解 $\tan\theta_0$。

【点评】试题基于考生的生活认知设置"推动拖把头"的情境，考查共点力平衡的基础知识，起点低，但落点高，有利于考查并甄别不同层次的考生水平。部分考生对题中"不管沿拖杆方向的推力多大，都不可能使拖把从静止开始运动"缺乏真正的理解，认为只有竖直用力才不能推动拖把，而用过拖把的考生很容易根据自己的经验获得重要的解题信息。试题引导学生关注生产劳动中的物理现象，运用所学物理知识来解决生产劳动中的相关问题，树立学生的劳动观念，培养其劳动意识。

2. 试题信息呈现具有多样性和关联性

情境化试题信息载体包括文字、图片（表格）、示意图、公式等形式，可以是用单纯的文字形式呈现信息，也可以是用文字与其他形式组合呈现信息，要求学生在处理问题时应注意不同信息载体间的联系。

例2：如图2（a），物块和木板叠放在实验台上，物块用一不可伸长的细绳与固定在实验台上的力传感器相连,细绳呈水平方向。$t=0$ 时,木板开始受到水平外力 F 的作用,在 $t=4s$ 时撤去外力。细绳对物块的拉力 f 随时间 t 变化的关系如图 2(b)所示,木板的速度 v 与时间 t 的关系如图 2(c)所示,木板与实验台之间的摩擦可以忽略,重力加速度取 $10m/s^2$。由题给数据可以得出( )。

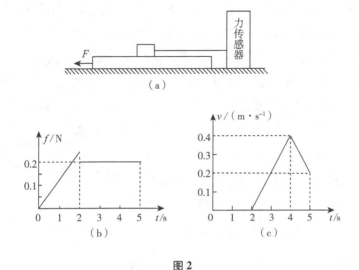

图 2

A. 木板的质量为 $1kg$

B. $2\sim4s$ 内,力 F 的大小为 $0.4N$

C. $0\sim2s$ 内,力 F 的大小保持不变

D. 物块与木板之间的动摩擦因数为 0.2

【答案】AB

【分析】结合两图像可判断出 $0\sim2s$ 物块和木板还没有发生相对滑动,此过程拉力等于静摩擦力 f,因此拉力在此过程中是变力;$2\sim5s$ 内木板与物块发生相对滑动,摩擦力转变为滑动摩擦力,根据牛顿运动定律,对 $2\sim4s$ 和 $4\sim5s$ 列方程可解出木板质量的大小、$2\sim4s$ 内拉力的大小,由于不知道物块的质量,故无法计算物块与木板之间的动摩擦因数。

【点评】试题基于学生的实验装置认知情境设置问题,考查学生动力学基本知识。试题通过文字、示意图、$f-t$ 图像、$v-t$ 图像组合呈现信息,要求学生理解实验原理,把握不同信息载体间的联系,明确 $0\sim2s$、$2\sim4s$、$4\sim5s$ 时间段木板的运动情况,并能列方程求解。

3. 试题条件具有相关性和隐蔽性

情境化试题所提供的信息主要是为了陈述物理事实、阐明物理过程，其中有些信息不仅对问题的解决没有帮助，还可能对分析问题造成干扰。另外由于试题涉及的情境往往显得"陌生"，条件隐蔽，造成学生在解决问题时往往会出现"条件不足"的困惑、假象。

例3：探究某种笔的弹跳问题时，把笔分为轻质弹簧、内芯和外壳三部分，其中内芯和外壳质量分别为 m 和 $4m$。笔的弹跳过程分为三个阶段：①把笔竖直倒立于水平硬桌面，下压外壳使其下端接触桌面（如图3a）；②由静止释放，外壳竖直上升至下端距桌面高度为 h_1 时，与静止的内芯碰撞（如图3b）；③与桌面碰撞后，内芯与外壳以共同的速度一起上升到外壳下端距桌面最大高度为 h_2 处（如图3c）。设内芯与外壳的撞击力远大于笔所受重力，不计摩擦与空气阻力，重力加速度为 g。求：

（1）外壳与内芯碰撞后瞬间的共同速度大小；

（2）从外壳离开桌面到碰撞前瞬间，弹簧做的功；

（3）从外壳下端离开桌面到上升至 h_2 处，笔损失的机械能。

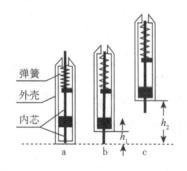

图3

【答案】（1）$\sqrt{2g(h_2 - h_1)}$；（2）$\dfrac{25h_2 - 9h_1}{4}mg$；（3）$E = \dfrac{5}{4}mg(h_2 - h_1)$。

【分析】设外壳上升高度 h_1 时速度为 v_1，外壳与内芯碰撞后瞬间的共同速度大小为 v_2；对外壳和内芯，从撞后达到共同速度到上升至 h_2 处，应用动能定理可以求得 v_2 大小；外壳和内芯，碰撞过程瞬间动量守恒，根据动量守恒定律可以求得 v_1 大小，再对外壳应用动能定理可以求出外壳离开桌面到碰撞前瞬间弹簧做功大小；从外壳下端离开桌面到上升至 h_2 处，只是在外壳和内芯碰撞过程有能量损失，因而损失的能量等于碰撞前外壳的动能减去碰撞后外壳与内芯共同的动能。

【点评】试题情境是学生经常玩且非常熟悉的小游戏，但由于试题呈现的是一个未经加工或抽象的真实情境，导致所蕴含的物理现象、物理规律更加隐蔽。学生对情境中笔的部分构件形状、部分构件相对位置关系以及第二阶段中外壳与内芯碰撞时"黏合"方式等理解困难，影响考生解题模型的建立及解题路径的形成，导致试题的得分率降低。

4. 问题解决具有迁移性和拓展性

解答情境化试题，往往不能直接运用所学知识进行解答，需要根据问题情境对问题进行迁移。因此，面对新的物理情境，学生要注意挖掘题目的隐含条件，善于联系所学的知识和方法，强化思维的迁移与拓展。

例4：在离坡底 10m 的山坡上 O 点竖直地固定一长 10m 的直杆 AO（即 $BO = AO = 10$m）。A 端与坡底 B 间连有一钢绳，一穿于钢绳上的小球从 A 点由静止开始沿钢绳无摩擦地滑下，取 $g = 10$m/s^2，如图4所示，则小球在钢绳上滑行的时间为（　　）。

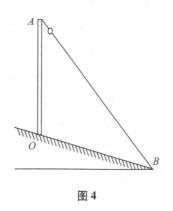

图4

A. $\sqrt{2}$s　　　　　B. 2s　　　　　C. 4s　　　　　D. $\sqrt{3}$s

【答案】B

【分析】如图5所示，如果以 O 点为圆心，OA 为半径作一圆，延长 AO 交圆周于 C 点，AC、AB 为通过最高点 A 点的圆直径和弦。根据等时圆结论"物体沿着位于同一竖直圆上的所有过最高点的光滑弦由静止下滑，到达圆周最低点的时间相同，即 $t = \sqrt[2]{\dfrac{R}{g}}$"，从而求出小球在钢绳上滑行的时间。

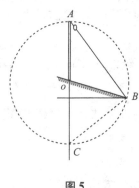

图 5

【点评】试题以"小球沿钢绳滑下"情境设置问题，考查自由落体运动知识，起点高、落点低。要求学生在解答过程中能够灵活应用"等时圆"知识处理问题，解法构思巧妙，方法独特，强化了对学生的知识迁移能力、思维发散能力的考查。

二、情境化试题分类

情境化试题根据情境与问题的结合程度可分为情境分离型、情境嵌入型、情境结合型，按试题情境的来源可分为以下5种类型。

（1）自然类的情境试题。这类试题是从物理学的角度对自然现象进行观察思考、设置问题。解答这类试题，要求学生仔细观察、认真分析，明确题目中所涉及的自然现象与所学的哪些物理知识相联系。

（2）社会类的情境试题。人是生活在一定社会环境中的，学生在学习过程中要关注社会、关心环境问题。这类题目注重物理知识与社会环境的联系，解答这类试题时，要求学生能够从给出的情境中抽象出物理问题，建立相应的物理模型。

（3）科技类的情境试题。这类试题将现代科技与物理知识密切结合设置问题，解答这类试题时，要求学生能充分考虑科学技术的应用环境，抓住问题的主要方面，分析解决问题，注意不要避免生搬硬套、胡乱联系。

（4）生产、生活类的情境试题。这类试题以在现实生产、生活中，与物理有密切联系的现象设置问题，试题考查学生应用物理知识解决现实生活中的问题的能力，促使学生理论联系实际，学以致用。

（5）学习探究类的情境试题。这类试题以学生高中物理学习中所涉及的物理实验、物理探索史实为情境设置问题，学生要围绕问题开展探究活动，进而解决问题。解答这类试题时，要求学生挖掘物理现象、物理过程、物理知识与物理方法之间隐含的联系，找到物理规律应用原型。

三、情境化试题的解题策略

1. 解题的基本思路（见图 6）

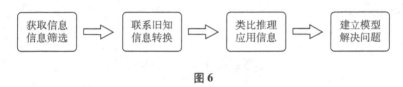

图 6

2. 信息处理的方法

情境化试题主要考查学生的阅读理解能力、获取信息能力、抽象和概括能力、分析和综合能力、联想和迁移能力等。解题的关键是获取信息、处理信息，信息的处理过程包括：

（1）获取筛选信息。解题时，学生要能够通过阅读、理解和分析从中筛选信息，提取有效信息，减少无关信息的干扰和避免信息遗漏。同时对已经贮存在大脑中的信息进行快速检索和提取，找出与问题有关的有效信息。

（2）挖掘隐蔽信息。情境化试题通常会把某些重要信息隐蔽起来，构成一个个"陷阱"，把学生引入歧途，这些隐蔽信息往往是解题的关键。因此，审题时要求学生要集中注意力，充分挖掘、揭示这些隐含的信息内容。

（3）迁移转换信息。命题者巧妙设置的试题，很多信息很难被学生直接取用，这直接影响学生解题速度，甚至妨碍学生的解题思路。因而在解题过程中，要求学生能将题中抽象的信息进行迁移，转换成自己熟悉的信息。

（4）寻找信息联系。信息间存在着一定差异，学生在解题时要正确区分信息的差异，比较差异，消除差异，同时找出共同的规律性的东西，对信息进行重组、加工、梳理，找出其内在联系，形成解题思路。

3. 解题的思维方法

新情境试题灵活多变，对学生能力要求高。常用的解题思维方法主要有以下几种。

（1）原型迁移法

原型迁移法就是通过新事物、新问题与熟悉的原型事物具有相似的特征，要求学生在原型的启发下通过类比找到解决问题的方法的一种思维方法。原型迁移法容易把新知识纳入学生原有的知识结构中，使知识顺应同化，可以让学生对某些问题的解决或领悟变得容易。

例5：为验证"两小球碰撞中动量守恒"的实验，某同学用如图7所示的装置进行如下实验操作。

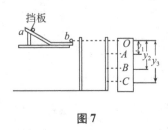

图7

Ⅰ. 先将斜槽轨道的末端调整水平，在一块平木板表面钉上白纸和复写纸，并将该木板竖直立于槽口处。使小球 a 从斜槽上紧靠挡板处由静止释放，小球撞到木板并在白纸上留下痕迹 O；

Ⅱ. 将木板向远离槽口平移一段距离，再使小球从斜槽上紧靠挡板处由静止释放，小球撞到木板上得到痕迹 B；

Ⅲ. 然后把半径相同的小球 b 静止放在斜槽水平末端，小球 a 仍从原来挡板处由静止释放与小球 b 相碰后，两球撞在木板上得到痕迹 A 和 C；

Ⅳ. 用天平测量 a、b 质量分别为 m_a、m_b，用刻度尺测量纸上 O 点到 A、B、C 三点的距离分别为 y_1、y_2、y_3。

求：

（1）小球 a 与小球 b 相碰后，两球撞在木板上得到痕迹 A 和 C；其中小球 a 撞在木板上_____点（填"A"或"C"）。

（2）用本实验中所测量的量来验证两球碰撞过程动量守恒，其表达式为_____（仅用字母 m_a、m_b、y_1、y_2、y_3 表示）。

【答案】（1）C；（2）$\dfrac{m_a}{\sqrt{y_2}} = \dfrac{m_a}{\sqrt{y_3}} + \dfrac{m_b}{\sqrt{y_1}}$。

【分析】验证两小球碰撞中动量守恒的实验装置如图8所示，小球 a 单独及小球 a、b 撞后的落点分别为 P、M、N，竖直方向上的位移和时间相等，如果

$m_a \dfrac{OP}{t} = m_a \dfrac{OM}{t} + m_b \dfrac{ON}{t}$，即 $m_a OP = m_a OM + m_b ON$ 近似成立，可得：在误差允许的范围内，两小球碰撞动量守恒。

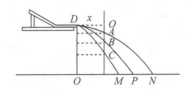

图 8

本题小球撞在一竖直挡板上，与原型有差异，可以通过改造原型实现知识的迁移。小球 a 和 b 撞在竖直板上，水平方向上位移相等，竖直方向上位移并不相等，设小球 a 单独及小球 a、b 相撞后撞在竖直板上的时间分别为 t_1、t_2、t_3，根据平抛运动规律得 $t_1 = \sqrt{\dfrac{2y_2}{g}}$、$t_2 = \sqrt{\dfrac{2y_3}{g}}$、$t_3 = \sqrt{\dfrac{2y_1}{g}}$，如果 $m_a \dfrac{x}{t_1} = m_a \dfrac{x}{t_2} + m_b \dfrac{x}{t_3}$，即 $\dfrac{m_a}{\sqrt{y_2}} = \dfrac{m_a}{\sqrt{y_3}} + \dfrac{m_b}{\sqrt{y_1}}$ 近似成立，可得：在误差允许的范围内，两小球碰撞动量守恒。

【点评】试题中的情景是小球撞在一竖直挡板上，与原型有差异，在原型的启发下进行类比，在原型的基础上进行类比迁移，抓住原型中时间相等与试题中水平位移相等的本质区别，实现知识迁移，使思维量减少，有效避免解题时出现的盲目思考状况。

（2）联想推理法

联想推理法是根据事物、问题在时间、空间上的某种联系，以及事物、问题之间的类似性和差异性，由当前感知的事物引起对新事物、新问题进行联想思考的一种思维方法。联想推理法对于解答新情境试题是一种非常有效的方法。

例 6：弗兰克－赫兹实验是研究汞原子能量是否具有量子化特点的重要实验。实验原理如图 9（a）所示，灯丝 K 发射出初速度不计的电子，K 与栅极 G 间的电场使电子加速，GA 间加有 0.5V 电压的反向电场使电子减速，电流表的示数大小间接反映了单位时间内能到达 A 极电子的多少。在原来真空的容器中充入汞蒸汽后，发现 KG 间电压 U 每升高 4.9V 时，电流表的示数 I 就会显著下降，如图 9（b)所示。科学家猜测电流的变化与电子和汞原子的碰撞有关，玻尔进一步指出该现象应从汞原子能量量子化的角度去解释。下列说法错误的是（　　　）。

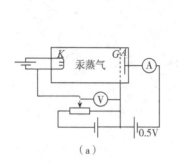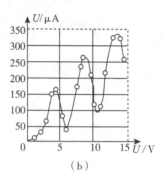

（a）　　　　　　　　　　（b）

图9

A. 汞原子基态和第一激发态的能级之差可能是 4.9eV

B. KG 间电压低于 4.9V 时，电流随电压增大而上升，是因为电子能量越高，越容易克服反向电压到达 A 极

C. KG 间电压在 5～10V 时，出现电流随电压增大而上升的一段图线，是因为单位时间使汞原子发生跃迁的电子个数增加

D. 即使 KG 间电压高于 4.9V，电子也存在始终不与汞原子发生碰撞的可能性

【答案】C

【分析】由题意知，KG 间电压 U 每升高 4.9V 时，电流表的示数 I 就会显著下降，说明电子与汞原子碰撞时，电子损失的能量是分立的、不连续的，也就是汞原子吸收了能量汞原子。当 KG 间的电压低于 4.9V 时，电子在 KG 间被加速而获得的能量低于 4.9eV，电子与汞原子碰撞时，不能使汞原子跃迁。电子不会损失能量，电流随着 KG 间电压的升高也越来越大。当 KG 间电压在 5～10V 时，电子在 KG 间被加速而获得的能量大于 4.9eV，电子与汞原子碰撞而转移掉 4.9eV 的能量使汞原子跃迁；随 KG 电压增大，电子获得的能量增加，电子碰后剩下的能量越大，电子越容易克服 GA 反向电压到达 A 极，电流上升。同理，当 KG 间电压在 10～15V 时，同一电子在 KG 间使 2 个汞原子碰撞跃迁，电子转移掉 9.8eV 的能量后，剩下的能量克服 GA 反向电压到达 A 极。

【点评】本题以弗兰克－赫兹实验情景设置问题，对于实验的原理、装置，学生没有学过、没有接触过，对学生来说是新事物、新问题。通过比较可以发现，实验现象与氢原子跃迁、氢原子能量量子化结论相类似，因而可以联想，对波尔氢原子理论进行拓展迁移，从汞原子能量量子化的角度对弗兰克－赫兹实验现象进行解释，即与汞原子碰撞的电子能量等于或大于两个定态的能级差，汞原子会发生跃迁，多余的能量仍以电子动能的形式存在。

（3）类比推理法

类比推理法是根据两个具有相同或相似特征的事物间的对比，从某一事物的某些已知特征去推测另一事物的相应特征存在的一种思维方法。类比推理法是建立在两个特殊事物之间进行分析比较，由于不需要建立在对大量事物分析研究的基础上，所以对于解决不具备归纳和演绎条件的情景化问题具有广泛应用价值。

例7：如图10所示，O 为椭圆 $ABCD$ 的左焦点，在 O 点固定一个正电荷，某一电子 P 正好沿椭圆 $ABCD$ 运动，A、C 为长轴端点，B、D 为短轴端点。下列说法中正确的是（   ）。

A. 电子在 A 点的线速度小于在 C 点的线速度

B. 电子在 A 点的加速度小于在 C 点的加速度

C. 电子由 A 运动到 C 的过程中电势能先减小后增大

D. 电子由 A 运动到 D 的时间小于从 D 运动到 C 的时间

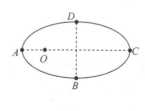

图10

【答案】D

【分析】电子绕正电荷做椭圆轨道运动，可类比于太阳系内行星的运动。由开普勒第二定律可知，电子在 A 点的线速度大于在 C 点的线速度，在 AD 运动的平均速率大于在 DC 运动的平均速率，电子由 A 运动到 D 的时间小于从 D 运动到 C 的时间；A 点距离正电荷较近，受库仑力较大，根据牛顿第二定律可知，电子在 A 点的加速度大于在 C 点的加速度；电子由 A 运动到 C 的过程中电场力做负功，电势能增加。

【点评】本题以电子绕正电荷做椭圆轨道运动情景设置问题，这是一个新问题。但我们知道，行星绕太阳运动与距离二次方呈反比关系；电子绕正电荷运动与距离二次方也呈反比关系；通过类比推理得到，适用于恒星与行星之间的有关规律，可以直接运用到电子核绕正电荷的运动中，即电子和正电荷的连线在相等的时间内扫过相等的面积；同样电子相对于正电荷也具有"近地点"和"远地点"，"近地点"时运动速度快，"远地点"时运动速度慢。

（4）归纳推理法

归纳推理就是从个别性知识推出一般性结论的推理。解题时，要根据题目给出的若干个别的特殊事例，找出其共同性，归纳一般或普遍的属性（即提出假说、定理、定律或公式），然后预测新的特殊事例。

例8：如图11所示，放在光滑水平面上的长木板 A 的左端放着小铁块 B（可视为质点）。它们一直以 $v_o = 2\text{m/s}$ 的速度向右运动，A、B 的质量分别为 $m_A = 1\text{kg}$，$m_B = 2\text{kg}$。A 与竖直墙壁碰撞后立即以相同的速度反方向弹回，若 A 板足够长，在整个运动过程中 B 没有与墙相碰也没有落到地面，A、B 间动摩擦因数 $\mu = 0.5$（$g = 10\text{m/s}^2$）。

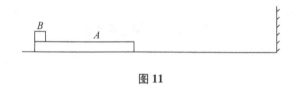

图11

求：

（1）A 与墙第一次碰撞后过程中 A 离墙最大距离时铁块 B 的速度；

（2）在整个运动过程中，B 相对 A 所能滑动的最大距离。

【答案】（1）1m/s；（2）0.6m。

【分析】（1）A 与墙碰撞后，速度向左，当 A 向左的速度为零时离墙最远，此时 B 速度为 $v_B{}'$，以向右为正方向，据动量守恒定律，则 $m_A(-v_o) + m_B v_o = m_B v_B{}'$，$v_B{}' = \dfrac{m_A(-v_0) + m_B v_0}{m_B} = 1\text{m/s}$。

（2）当 A 的速度为 0 时，B 的速度向右，故在摩擦力的作用下，B 继续减速，A 向右加速，直到两球速度相等时（设为 v_1），B 在 A 上相对运动的距离设为 s_1，据动量守恒定律，则 $m_A(-v_o) + m_B v_o = (m_A + m_B)v_1$，得 $v_1 = \dfrac{2}{3}\text{m/s}$，据能量守恒，则 $\mu m_B g s_1 = \dfrac{m_A v_0^2}{2} + \dfrac{m_B v_0^2}{2} - \dfrac{(m_A + m_B)v_1^2}{2}$，解得：$s_1 = \dfrac{8}{15}\text{m}$。

当 A 第二次与墙碰撞后，速度为 $-v_1$，方向向左，而 B 的速度仍为 v_1，经过类似过程，A、B 达到共同速度 v_2，这时 B 在 A 上又移动距离 s_2，则 m_A（ $-v_1$）$+m_Bv_1=(m_A+m_B)v_2$，得 $v_2=\dfrac{2}{9}$m/s，据能量守恒，则 $\mu m_Bgs_2=\dfrac{m_Av_1^2}{2}+\dfrac{m_Bv_1^2}{2}-\dfrac{(m_A+m_B)v_2^2}{2}$，解得：$s_2=\dfrac{8}{135}$m。

当 A 第三次与墙碰撞后，用同样的方法可求得：$v_3=\dfrac{7}{27}$m/s，$s_3=\dfrac{8}{1215}$m。

每碰撞一次，B 在 A 上相对运动的距离为前一次的 $\dfrac{1}{9}$，碰撞无数次以后，B 在 A 上相对运动的距离 s 为

$$s=s_1+s_2+s_3+\cdots=\dfrac{8}{15}\Big[1+\dfrac{1}{9}+\dfrac{1}{81}+\cdots\Big]\text{m}=\dfrac{8}{15}\left(\dfrac{1}{1-\dfrac{1}{9}}\right)=0.6\text{m}。$$

【点评】本题以"板块模型"情景设置问题，考查了能量守恒定律、动量守恒定律等基本规律。解答试题时，第（2）问先求出 $s_1=\dfrac{8}{15}$m、$s_2=\dfrac{8}{135}$m、$s_3=\dfrac{8}{1215}$m，然后应用归纳推理方法得出，s_1、s_2、$s_3\cdots$的大小关系是一个无穷递缩等比数列，最后利用无穷递缩等比数列求和公式求出结果。解答过程中通过若干个别的结论，找出其共同性，归纳出普遍性的公式。

（5）演绎推理法

演绎推理法是从一般性的前提出发，通过推导得出对个别事物的具体陈述或个别事物结论过程。演绎推理法是前提、条件和结论之间具有必然联系的推理，是从一般到特殊的推理。

例 9：开普勒第三定律指出：所有行星轨道的半长轴的三次方跟它的公转周期的二次方的比值都相等，即 $\dfrac{a^3}{T^2}=c$，其中 a 表示椭圆轨道半长轴，T 表示公转周期，比值 c 是一个对所有行星都相同的常量。开普勒第三定律对于轨迹为圆形和直线的运动依然适用。圆形轨迹可以认为中心天体在圆心处，半长轴为轨迹半径。直线轨迹可以看成无限扁的椭圆轨迹，此时中心天体在轨迹端点，半长轴为轨迹长度的 $\dfrac{1}{2}$。已知，某可视为质点的星球质量为 M，引力常量为 G，

一物体与星球的距离为 r。该物体在星球引力作用下运动，其他作用力忽略不计。

求：

（1）若物体绕星球作匀速圆周运动，请推导该星球的引力系统中常量 c 的表达式；

（2）若物体由静止开始做直线运动，求物体到达星球所经历的时间。

【答案】（1）$c = \dfrac{GM}{4\pi^2}$；（2）$t = \dfrac{\pi r}{2}\sqrt{\dfrac{r}{2GM}}$。

【分析】（1）设物体质量为 m_0，则 $\dfrac{GMm_0}{r^2} = m_0\left(\dfrac{2\pi}{T}\right)^{2} r$，解得：$c = \dfrac{r^3}{T^2} = \dfrac{GM}{4\pi^2}$。

（2）把直线运动看成是很扁的椭圆运动，设物体到达星球经历的时间为 t，则物体的周期为 $2t$，半长轴为 $\dfrac{r}{2}$，则 $\dfrac{\left(\dfrac{r}{2}\right)^3}{(2t)^2} = c = \dfrac{GM}{4\pi^2}$，解得：$t = \dfrac{\pi r}{2}\sqrt{\dfrac{r}{2GM}}$。

【点评】本题以"物体绕星球运动"情景设置问题，考查了学生获取信息、演绎推理等方面能力。开普勒第三定律通过观察行星绕太阳做椭圆运动得出，圆形是椭圆特殊情况，开普勒第三定律适用于轨迹为圆形的天体运动；将直线轨迹看成无限扁的椭圆轨迹，通过演绎推理，对轨迹为直线的运动，开普勒第三定律依然适用。物体由静止开始向星球做直线运动，中心天体在轨迹端点，半长轴为轨迹长度的一半，然后应用开普勒第三定律求物体到达星球所使用的时间。

参考文献

[1] 赵保现. 对近三年北京高考理综卷物理"新情境"试题求解的思路分析 [J]. 物理教学，2016（4）.

[2] 中华人民共和国教育部. 普通高中物理课程标准（2017 年版）[M]. 北京：人民教育出版社，2018.

（广州市第五中学　李红伟）

第五篇

实验教学等方面的思考

GeoGebra 在等量同异种电荷的电场
教学中的应用探析

在高中物理教学中，选修 3 – 1 "静电场"这章集中了较多的抽象概念，如电场强度、电势等。学生虽然已了解力学中的概念和模型，但对于抽象的电场缺乏主观体验，容易产生学习障碍。等量同种电荷和等量异种电荷的电场是高中物理中的常见模型，对这两个模型的分析和研究有助于学生理解电场的性质，认识与电场相关的物理量。在以往的教学中，学生由于没有高等数学知识，对于电场的具体分布情况只能定性分析，记住结论。笔者在教学中，尝试利用 GeoGebra 软件精确描绘空间中各点电场的分布情况，降低了学生学习抽象概念的难度，提升了教学效果，同时也教会了学生利用 GeoGebra 开展丰富的探究活动。

一、GeoGebra 简介

GeoGebra 是一款综合几何、代数与微积分的动态数学软件，它融合了代数和几何两大学科，既可以通过鼠标点击绘制出点、向量、切线、球面等图形，也可以直接输入方程和点坐标，精确绘制图形，实现了图形与代数方程的同步，是真正意义上的动态演示。GeoGebra 不需要操作者熟悉复杂的计算机编程，很适合在中学教师和学生中推广应用。下文介绍笔者使用 GeoGebra 软件研究等量同种电荷和等量异种电荷电场分布的过程。

二、等量异种点电荷连线及其中垂线上的电场强度

电场强度是矢量，空间各点所产生的场强可由矢量叠加进行分析，它们遵循平行四边形定则。对于等量异种电荷连线间的场强研究，取两电荷连线中点

作为坐标原点，连线方向为 x 轴，如图 1 所示，场强表达式为：

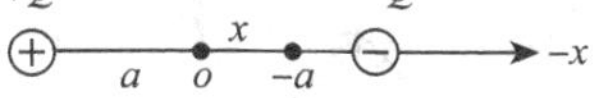

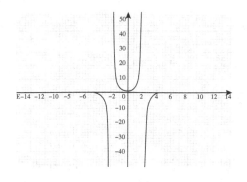

图 1

$$E = \begin{cases} \dfrac{kQ}{(a-x)^2} - \dfrac{kQ}{(a+x)^2}, & (x < -a) \\[3mm] \dfrac{kQ}{(a-x)^2} + \dfrac{kQ}{(a+x)^2}, & (-a < x < a) \\[3mm] \dfrac{kQ}{(a+x)^2} - \dfrac{kQ}{(a-x)^2}, & (x > a) \end{cases}$$

由上式可见 E 是 x 的函数，在 GeoGebra 中输入指令 $if\left(-a > x, \dfrac{kQ}{(a-x)^2} - \right.$

$\dfrac{kQ}{(a+x)^2}, \ -a < x < a, \ \dfrac{kQ}{(a-x)^2} + \dfrac{kQ}{(a+x)^2}, \ x > a, \ \dfrac{kQ}{(a+x)^2} - \dfrac{kQ}{(a-x)^2} \right)$，绘出函

数图如图 2 所示。

图 2

由图 2 可以得出结论：在等量异种电荷的连线上，从连线中点沿连线向两
电荷移动时，电场强度逐渐增大，在连线延长线上，离点电荷越远，电场强度
越小，且二者连线上电场强度大小关于中点 O 对称，方向相同，中点位置电场
强度最小，但不为零。

对于等量异种电荷连线的中垂线（面）上的场强研究，取两电荷连线中点
作为坐标原点 O，沿中垂线（面）方向为 x 方向，如图 3 所示，P 点场强为：

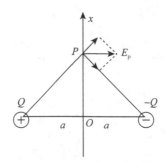

图 3

$$E_p = \frac{2kQa}{\sqrt{(a^2 + x^2)^3}}$$

在 GeoGebra 中输入指令 $E_p(X) = \frac{2kQa}{\sqrt{(a^2 + x^2)^3}}$，绘出函数图如图 4 所示。

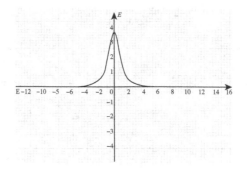

图 4

由图 4 可得出结论：在等量异种点电荷连线的中垂线（面）上，从垂足沿中垂线（面）向外侧移动时，中垂线（面）上各点的电场强度减小且中垂线（面）上关于中点 O 对称的两点场强相同，方向始终垂直于中垂线（面）指向负电荷一侧。

三、等量同种点电荷连线及其中垂线上的电场强度

同理，对于等量同种电荷连线间的场强研究，取两电荷连线中点作为坐标原点，连线方向为 x 轴，x 轴上场强表达式为：

$$E = \begin{cases} -\left(\dfrac{kQ}{(a-x)^2} + \dfrac{kQ}{(a+x)^2} \right), & (x < -a) \\[3mm] \dfrac{kQ}{(a+x)^2} - \dfrac{kQ}{(a-x)^2}, & (-a < x < a) \\[3mm] \dfrac{kQ}{(a+x)^2} + \dfrac{kQ}{(a-x)^2}, & (x > a) \end{cases}$$

在 GeoGebra 中输入指令 if $\left(-a > x, \ -\left(\dfrac{kQ}{(a-x)^2} + \dfrac{kQ}{(a+x)^2} \right), \ -a < x < a, \right.$

$\left. \dfrac{kQ}{(a+x)^2} - \dfrac{kQ}{(a-x)^2}, \ x > a, \ \dfrac{kQ}{(a+x)^2} + \dfrac{kQ}{(a-x)^2} \right)$，绘出函数图如图 5 所示。

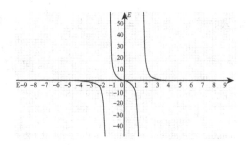

图 5

由图 5 可得出结论：在等量同种电荷的连线上，从连线中点连线向两电荷移动时，电场强度逐渐增大，在连线延长线上，离点电荷越远，电场强度越小，且二者连线上电场强度大小关于中点 O 对称，方向相反，中点位置电场强度最小，为零。

对于等量同种电荷连线的中垂线（面）上的场强研究，令两等量正电荷电量 $Q_1 = Q_2 = Q$，以中点 O 为原点，在中垂线上建立 x 轴，如图 6 所示，求出 P 点场强为：

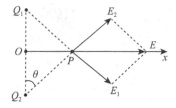

图 6

$$E_p = \frac{2kQx}{\sqrt{(a^2 + x^2)^3}}$$

从场强表达式很难直接得出 E_p 随 x 的变化关系，过往教学中一般采取以下几种方法。方法一是分析出 O 点场强为零，中垂线上无穷远处趋于零，因此得出中垂线上的场强分布特点——先增大，后减小。这种简单的分析方法经不起考验，很多同学会质疑为什么不可以是先增大后减小，然后再增大，再减小？方法二是写出三角函数形式，通过不等式求极值分析。方法三是用导数求极值。事实上，方法一不科学，方法二、三超出了该阶段学生的能力范围。如果利用作图软件直接绘制复杂函数图形，可以化繁为简，也更易于让学生接受。

在 GeoGebra 中输入指令 $E_p(x) = \dfrac{2kQx}{\sqrt{(a^2 + x^2)^3}}$，绘出函数图如图 7 所示。

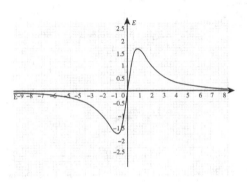

图 7

由图 7 清晰得出结论：在等量同种点电荷连线的中垂线（面）上，从垂足沿中垂线（面）向外侧移动时，中垂线（面）上各点的电场强度先减小后增大，且中垂线（面）上关于中点 O 对称的两点场强大小相同、方向相反。

以上实例，用理论分析结合 GeoGebra 作图，让等量同异种电荷的电场研究更为科学理性，化抽象为形象，将无法感知的电场生动地呈现在学生眼前，这种数形结合研究问题的方法恰恰是解决物理问题的绝好范例。事实上，GeoGebra 还有很多功能，如运算、解方程、求导积分、绘制 3D 图形等。高中物理教学中，除电场场强的特点可以利用 GeoGebra 进行分析外，还可以分析电势分布、动态分析带电粒子在磁场中的运动等。软件的易用性也为学生亲自动手探索复杂问题带来了可能。

四、结语

《普通高中物理课程标准（2017 年版 2020 年修订）》明确指出："物理教学要积极利用已有数字媒体，主动开发适合教学、提高教学质量的信息产品，拓宽物理学习的途径，促进物理教学方式改革。"信息化时代，我们的教学也要与时俱进，借助 GeoGebra 等软件，让概念规律变得生动直观，消除学生的思维障碍，深化学生的思维，培养学生应用数学知识解决物理问题的能力，提高中学生的物理核心素养。

参考文献

［1］殷正徐 . GeoGebra 在解决原始物理问题中的应用［J］. 物理教学探讨，2017，35（10）：55 - 58.

［2］张明 . 动态数学软件 GeoGebra 的发展历史和功能特点［J］. 课程教育研究，2015（21）：216.

［3］黄北京，刘毓球 . 用 GeoGebra 的矢量功能辅助力的合成教学［J］. 物理通报，2013（5）：96 - 98.

［4］殷正徐 . 应用 GeoGebra 软件深入研究一道高考物理题——等量同种点电荷连线中垂线上的场强研究［J］. 物理之友，2017（8）：49.

（广州市执信中学　兰海舰）

创设问题情境　激发探究兴趣

一、物理教学中遇到的问题

笔者在教学实践中发现，很多刚上高一的学生，对物理的学习还是很感兴趣的，因为物理跟我们的生活息息相关，很多知识能解决生活、生产中的问题。生活中处处有物理，学生也能意识到这门课程的重要性，因此都想学好这门课程，希望能积极主动地投入学习。但随着学习的深入，以及学习难度的加大，很多学生从主动变为被动，逐渐丧失了兴趣。同时由于长期的应试教育，学生处于不断刷题的状态，探究的时间越来越少，科学思维得不到提高，从而产生厌学情绪。另外，由于创设情境、探究学习要花时间，很多教师会觉得浪费时间，草草讲完概念规律就让学生做题。长此以往，学生养成了被动接受的习惯，分析问题、解决问题的能力根本得不到提高。

建构主义强调，充满理智和情感的教学情境是提高课堂效率的关键。问题是思维的源泉，能激起学习的动机，激发学生的求知欲。新课程标准大力提倡探究式学习，即问题解决式学习，旨在培养学生分析问题、解决问题以及发现问题、提出问题的能力。

二、情境与物理教学

认知理论认为，物理课堂教学应该是以不断地提出问题并解决问题的方式获取新知识的过程。新课程标准提出，创设情境进行教学，对培养学生的物理学科核心素养具有关键作用。学生要从情境中发现和提炼问题，对问题的可能答案做出假设，形成把情境与物理知识相关联的能力，进而发展其科学思维。良好的情境能使人产生愉快的情绪，进而使大脑更加活跃，也能激发较为持久而稳定的兴趣。好的问题情境能让学生积极主动地投入学习中，关注老师提出的物理问题，积极思考，激发学生对接下来的学习内容的浓厚兴趣，通过问题引起学生认知的冲突，激发学生强烈的问题意识和探究动机，让学生自然地进入所研究的物理问题中，养成主动分析、解决问题的习惯，促进学生物理学科核心素养的形成。

三、如何创设问题情境

通过恰当的情境提出问题，创设问题情境，让教学内容具有新奇性。使学生富有好奇心和求知欲，能激发学生的探究动机和兴趣。

1. 利用演示实验创设问题情境

物理是一门以实验为基础的学科，许多物理概念、规律都是建立在实验基础上，经过归纳推理总结出来的。实验能使教学内容更加生动，能让要研究的物理现象清楚地展现出来。演示实验的特点是直观形象，能吸引学生的注意力，激发学生思考。教师可以通过演示实验，引导学生运用已学知识解释物理现象，认识物理概念和规律。通过实验现象去探究问题的本质，让学生积极主动地投入探究中，进而进行深度学习。

例如在"探究加速度与力、质量的关系"一课中，教师可以先准备好两辆小车，其中一辆装着重物，另一辆不装重物，然后用纸包装好，让这两辆小车看起来一模一样，实际上它们的质量是不同的，之后把两辆小车放在一个双层架上，绳子一端挂着同样的钩码，另一端系在小车上，释放小车，让学生观察哪一辆小车先到达终点。演示实验中，学生猜想两辆车同时到达终点，但结果却是一辆先到达、一辆后到达。这就使学生产生了巨大的疑惑，激发学生的学习兴趣：到底是什么原因导致两辆小车加速度不同呢？接着教师可以打开包装，学生会发现原来车的质量不同，也就是加速度与物体的质量也有关系，因此就自然引出接下来的探究活动——探究加速度与质量之间的关系。这样的演示实验有魔术的效果：在演示完毕后，揭开谜底。这样的效果能很好地增加学生的学习兴趣，让学生感受物理学的神奇。

又如在讲到"超重失重"时，可以将塑料瓶捅一个小孔，装满水后让其自由落下，学生会发现水并没有流出来。为什么会这样？这就给学生心理上造成一种悬念，碰撞出思维的火花。为了找到答案，学生自然就会将注意力集中到后面的学习中。

2. 利用学生活动，创设问题情境

新课程标准提出，物理概念的建立和物理规律的探究，都需要创设问题情境，让学生在情境中发现和提炼问题，并根据问题情境运用已有知识制订探究计划，选择符合情境要求的实验装置进行实验，获取客观、真实的数据，提高学生的科学探究能力。因此，在教学中有意识地设计一些让学生参与、引起其认知冲突的活动，创设问题情境，会使学生产生解决问题的冲动和欲望。

例如在学习"力的合成与分解"时，如果单凭教师讲授，学生会觉得枯燥乏味，结果对此知识点掌握不牢，造成学习障碍，对接下来的学习影响很大。为了让学生积极主动地融入课堂中，教师可以创设这样的问题情境：给每个学生发一条橡皮筋，让他们观察用橡皮筋挂一个重物，两手拉橡皮筋的两端，让他们随着夹角的变化橡皮筋的形变。为什么随着夹角的变化，橡皮筋会出现不同形变？带着这一问题，学生的思维、激情被调动起来了，急切想知道其中的道理，这样学起来的效果就会好很多。

又比如在学习"探究加速度与力、质量之间的关系"时，可以用"问题链"引导学生进行探究。如果用气垫导轨做实验，教师可以提出这样的问题：为什么摩擦力可以忽略不计？实验前如何确定导轨已经水平？如何测量加速度、力和质量这三个量？在实验中创设一些任务，让学生在完成任务的过程中运用科学思维，自己提炼出应探究的问题，这种利用活动创设问题情境的方法，很容易激发学生的学习兴趣和探究动机，让课堂教学充满生命活力。

3. 联系社会生活，创设问题情境

物理是一门基础的自然科学，很多内容都和生活息息相关。通过物理与自然、社会、生活实际的联系来创设问题情境，可增强学生的环境意识，引起学生对物理的"好奇"，使学生感到物理离生活很近、学物理很有用，从而物理联系社会生活，使学生在学习物理过程中关心国内外科技发展现状与趋势，认识科学、技术、社会、环境相互间的关系，树立保护环境、节约资源、促进可持续性发展的意识。例如：

（1）油罐车上有一根铁链，它一端与油罐相连，一端拖在地上，为什么？

（2）跳高比赛中，运动员着地处为什么要铺垫很厚的海绵垫子？

（3）为什么火车的玻璃窗要安装两层玻璃？

（4）在阳光的照射下，肥皂泡上为什么会产生彩色的条纹？

（5）为什么要采用高压输电？

（6）手机充电宝标注的规格"mA·h"是什么含义？为什么到了机场充电宝规格却变成"W·h"？

这些都是生活中非常常见的现象，却蕴含着丰富的物理知识。这些现实性的问题可以引起学生的思考和关注，提高学生进一步探究学习的兴趣，进而引导学生关心周围事物、关心社会，了解物理在人类活动和社会发展中的重要意义与作用。

4. 利用信息技术和数字媒体，创设问题情境

新课程标准提出，要积极开发与利用数字媒体课程资源。信息技术正在改变学校的教育文化，改变教师的教学方式。数字媒体已成为物理学习的重要课程资源。物理教学要积极利用已有数字媒体，主动开发适合教学、提高教学质量的信息产品，拓宽物理学习的途径，促进物理教学方式改革。许多物理概念和规律，只凭教师说，学生往往无法透彻理解，而借助信息技术和多媒体，可将许多复杂的问题简单化。

例如在学习"原子的结构"时，其中有一项内容很重要，就是 α 粒子散射实验，它是物理教学中的一个重要实验。可是由于实验设备的问题，我们无法开展这个实验。如果放弃这个实验，学生就只能死记硬背结论，对于核式结构模型的得来一无所知。物理模型的建立是需要创设情境的，所以我们可以借助数字媒体，根据实验过程，利用计算机制作出此实验的模拟过程图，再通过多媒体展示给学生，使学生对实验现象一目了然。当学生看到这个实验过程时，自然就会有这样的疑问：为什么绝大多数的粒子不偏转，少数发生了大角度的偏转，极少数甚至反弹回来？为了找到这一问题的答案，学生就会积极地投入接下来的学习中。又如在讲"用单摆测量重力加速度"时，可以用手机软件 Phyphox 来测量加速度——把手机做成单摆，打开 Phyphox 软件，借助电脑屏幕把重力加速度的大小显示出来。教师进一步引导学生思考：这个实验是如何测得重力加速度的？利用数字媒体创设问题情境，学生处于轻松欢快的学习氛围中，更能激发求知欲望。这样就充分调动了学生的学习积极性，更能激发学生的探究欲望。

5. 利用物理学史，创设问题情境

物理学的历史，反映了人类追求文明、追求真理、自觉探索和认识自然规律的过程。在物理教学中穿插物理学史知识，具有重要的教育功能。其不仅有助于激发学生学习的兴趣，培养学生良好的学习习惯，还能使学生从中学到严谨的科学态度、科学的思维方法，逐步培养学生的科学态度与责任。利用物理学史的内容来创设问题情境，有利于学生对知识的理解和把握，树立辩证唯物主义观点，使其形成追求真理、大胆质疑的探究精神。

例如在学习"万有引力定律"时，可以引入牛顿对苹果落地的思考——苹果会掉到地上，那月球为什么不落到地球上呢？又如在原子物理教学中，从汤姆生模型到卢瑟福的 α 粒子散射实验，从光谱的特征到玻尔模型，从贝克勒尔发现天然放射性现象到原子核的复杂结构，每一次教师都引导学生发现问题并寻找其原因，提出新的质疑与猜想，使之体会到质疑与猜想的乐趣。

四、创设问题情境时应注意的事项

根据学生的认知心理特点，创设的问题情境应具备以下特点：

1. 有效性

课堂教学的生命是有限的。创设问题情境的前提是要让教学更有效，使教学习达到预期的最佳效果。创设问题情境的目的是使学生更好地学习知识，在思考问题、解决问题的动态过程中主动学习，而不是为营造表面的氛围而创设情境。所有的情境创设都有一个共同的特点，那就是简洁、有效。

2. 诱发性

设计问题应从学生的认知水平和实际生活经验出发，要把问题设在学生存疑之处，保证新设情境能激起学生的认知冲突，激发学生探究的兴趣。

3. 适度性

所设计的问题难易要适度。如果太难，会打击学生的学习自信心，使其失去探究意识；如果太容易，学生不需要努力就能得出结果，这也无法激发学生的探究欲望。因此，问题要具有一定难度，学生跳一跳能够得着，这样才能引起学生的关注与兴趣，才有利于下一步探究。

4. 渐进性

设计的问题要注意循序渐进，由易到难，由浅入深，层层递进。所以教师在创设问题情境时，要考虑到学生思维的发展，遵循学生的认知规律，促进学生思维的进阶。

5. 全体性

创设问题应面向全体学生，应兼顾各类学生，以学生为主体，做到形式多样，难易结合。不能只照顾少部分同学而忽略了全体学生，否则长此以往，将无法提高整个班级的思维和能力水平。同时创设的问题要做到因材施教，这样就能构建一个全体学生积极进取的良好课堂氛围。

总之，在物理教学中，教师应认真研究、分析教材，结合学生认知规律，有针对性地创设问题情境，激发学生探究学习的兴趣。从问题的提出到问题的解决就是学生积极思维的过程，这样可以使学生始终处于主动学习的状态中，调动了学生的学习兴趣，有助于学生下一步的探究学习。同时，教师还要鼓励学生敢于提出问题，敢于质疑与创新，为学生终身发展、应对现代和未来社会发展的挑战打下基础。

参考文献

［1］中华人民共和国教育部．普通高中物理课程标准（2017 年版）［M］．北京：人民教育出版社，2017.

［2］严斌．巧设妙用物理情景 激发学生学习兴趣［J］．课程教材教学研究，2014（Z1）．

［3］李春密．强化实践策略 促成教学改进［N］．中国教育报，2017 – 05 – 31（9）．

［4］曾心，刘健智．智能手机在中学物理课堂教学中的应用［J］．实验教学与仪器，2019，36（9）．

［5］王涛．虚拟仿真软件在中学物理习题教学中应用的研究［D］．江苏：南京师范大学，2018.

［6］刘向阳．物理教学中引入物理学史教育的重要意义［J］．太原城市职业技术学院学报，2011（6）．

（广州市第五中学 姚美奇）

基于传感器高中物理动力学实验平台的研究与设计

——以"验证竖直面内圆周运动最低点位置牛顿第二定律和机械能守恒"为例

随着信息技术的不断发展变化，教学内容和方式也在不断地更新充实，但局限于教学课时有限，教学设备环境有限，很多学校都择简而教，教学中往往会选择性放弃实验演示或者实操教学。实验教学过程中或是只有操作，无实时处理实验数据和论证，或是只有实验理论和数值计算，无实践操作。以上两种片面的教学都不利于学生充分感知物理现象和规律，不利于提升学生动手实践、发现问题和解决问题的能力，不利于学生创新性思维能力的培养。为此，教师可以运用信息技术，通过设计基于传感器的高中物理动力学实验平台，简化实验装置搭建过程，实时采集和处理实验数据，让实验操作和实验数据论证都在有限的课堂教学时间段内完成，能够很好地提高课堂教学质量，有效地促进学生动手实操和创新能力综合发展。

传感器作为信息化教学的重要元件，其具备快速、准确测量的特点，可以将高中物理实验中的力、位移、时间等物理量实时采集，并依据物理实验原理设定计算公式，将采集到的物理量进行实时快速计算，从而即时论证实验正确性和可靠性。

同时随着原材料和制作工艺的发展，实验平台也在不断简化，变得更加便捷。通过合理设计，搭建简洁的高中物理动力学实验平台，便于教师将实验仪器带入课室，并在短时间内组装完毕，使教师演示与学生动手操作都在有限的课堂时间内快速完成，让学生充分感受实验的科学性和趣味性。

充分运用信息技术，将先进的元器件运用于搭建高中物理实验平台及实验所需的测量，能有效解决高中物理实验教学过程中的困难，符合教学实际需求和价值，进一步提升学生物理学科核心素养。

一、设计平台构造

实验平台主要取材有传感器、继电器、红外控制器、木板等。

传感器等元器件封装如图1所示，将各类传感器进行封装，并配上限位螺丝，便于使用时固定或调整。

实验基础平台如图2所示，将木板进行切割钉装，制作成背景板和支架平台；将平台置于竖直面上，搭建图中所示的三条轨道，便于传感器等实验元件的固定和移动调整，同时可以使安装在轨道上的仪器可以灵活地在水平和竖直方向上移动。

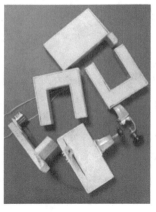

图1　　　　　　　　　　　　　图2

二、平台使用论证——以"验证竖直面内圆周运动最低点位置牛顿第二定律和机械能守恒定律"为例

（1）采用实验平台完成以下两个实验。

实验内容一：当质量为 m 的小球在竖直面内圆周运动时，运动到最低点位置处时有：

$$F_合 = F - mg \qquad ①$$

$$F_向 = m\frac{v^2}{L} \qquad ②$$

其中，F 为在最低点时绳子拉力，mg 为小球的重力，L 为摆长，v 为下摆至最低点时的速度。

另外，

$$v = \frac{d}{\Delta t} \qquad\qquad ③$$

其中，d 为小球的直径，Δt 为通过最低点位置处的光电门所用时间。

若在误差允许范围内，①②两式结果相差不大，即证明竖直面内圆周运动最低点位置处牛顿第二定律。

实验内容二：将绳子拉直，并拉至距离最低点高 h 处静止释放小球，让小球在竖直面上做圆周运动，则在其摆至最低点时：

动能变化量为

$$\Delta E_K = \frac{1}{2}mv^2 \qquad\qquad ④$$

重力势能变化量为

$$\Delta E_P = mgh \qquad\qquad ⑤$$

另外，

$$v = \frac{d}{\Delta t} \qquad\qquad ⑥$$

若在误差允许的范围内，④⑤两式结果相差不大，即证明小球下摆至最低点机械能可以守恒。

（2）主要的实验步骤和实验数据处理分析。

主要的实验步骤：

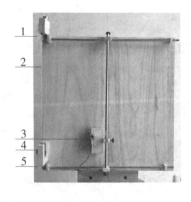

图 3

a：按照如图 3 所示的验证竖直面内圆周运动最低点位置牛顿第二定律和机械能守恒定律的装置示意图安装好实验器材，其中 1 为拉力传感器；2 为实验基础平台；3 为电阻式位移传感器，可以较为精确地测量球下摆的高度，同时在传感器滑片上安装了红外遥控的继电器，以减少手动释放小球带来的抖动等影响；4 为采用细线悬挂的小球；5 为光电门传感器，用于测量计算小球摆至最低点时的速度（采用平均速度代替）。

b：采用螺旋测微器测量出小球的直径 d。

c：采用红外位移传感器，测量出绳长 s，即得做圆周运动的轨道半径：$L = s + \dfrac{d}{2}$。

d：采用拉力传感器记录下小球自然下垂时的拉力 T（可看作小球的重力 mg，取 $g = 9.8\mathrm{m/s}^2$，即可反推得到小球的质量 m）。

e：调整好小球自然下垂时球心与位移传感器的初始位置并归零，接通接有红外遥控的继电器并吸住小球，调整小球的高度和水平位置，使绳子恰好伸直，记录下此时小球下摆的高度 h。

f：将继电器开关断开，记录下小球下摆至最低点时经过光电门所用的时间 Δt 和下摆至最低点位置时拉力传感器的读数 F。

实验数据处理分析：验证竖直面内圆周运动最低点位置牛顿第二定律和机械能守恒定律，实验数据和处理结果如表 1 所示。

表 1

计算	1	2
拉力 F/N	0.43	0.43
摆长/m	0.466	0.466
时间 $\Delta t/\mathrm{s}$	0.02307	0.02312
T/N	0.36	0.36
直径 d/m	0.021	0.021
高度 h/m	0.0441	0.0441
$F_{合}/\mathrm{N}$	0.07	0.07
$F_{向}/\mathrm{N}$	0.065318155	0.065035942

续　表

计算	1	2
重力势能/J	0.015876	0.015876
动能/J	0.01521913	0.015153375
牛二误差/N	0.004681845	0.004964058
相对误差	0.0668835	0.070915107
势动能之差/J	0.00065687	0.000722625
相对误差	0.041375025	0.045516843

从表1实验结果来看，在误差允许范围内，不论是验证竖直面内圆周运动最低点位置的牛顿第二定律实验，还是验证机械能守恒定律实验，测量结果基本吻合，实验相对误差也比较小，进一步证明了本实验平台的可操作性和可靠性。而且实验数据的采集和处理均在计算机上完成，计算快速准确，大大提高了实验效率。

另外，本实验平台还可以完成其他高中物理动力学实验。实验基础平台拓展实验示意图如图4所示。如图4（a）所示，装置经过改组后可以用于利用自由落体测量重力加速度或测量竖直下落的匀变速直线运动加速度；如图4（b）所示为测量匀变速直线运动和牛顿运动定律；如图4（c）所示，可以与图4（b）结合，测量平抛运动。这使得平台具备综合性和实用性与高中物理动力学实验教学需求相符合。

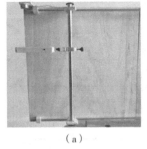 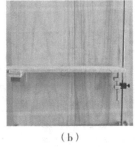 

（a）　　　　　　　　（b）　　　　　　　　（c）

图4

三、小结

本实验平台能完成多种高中物理动力学实验，而且采用传感器作为各类物理量的测量工具，快速可靠，具备一定的实用价值，能够较好地帮助教师进行高中物理动力学实验的课堂教学，帮助学生感知物理现象和规律，有利于培养学生的动手实践和创新思维，有效地促进学生的全面发展。

参考文献

［1］张龙．现代信息技术应用于高中物理实验的探索［J］．新智慧，2020（18）：16.

［2］王金兵．运用现代教育技术　优化高中物理实验［J］．新课程（下），2017（21）：109.

［3］周亚金．传感器在高中物理实验教学中的应用［J］．新课程（下），2018（12）：121.

［4］袁杰，刘佳．基于 STEM 教育理念的高中物理实验教学模式初探——以传感器的应用为例［J］．物理通报，2021（3）：99－101.

［5］赵春博．数字化传感器在高中物理实验中的应用研究［J］．数理化解题研究，2018（3）：74－75.

（广东梅县东山中学　熊　亮）

基于信息技术的高中物理实验教学创新设计

——以"测量电源电动势和内阻"为例

    物理是一门科学。物理实验可帮助学生深入理解理论、动手实践、探究本质，使学生切身感受科学的魅力，同时也是课堂内外发散思维、拓展创新的重要实践基础。另外物理学科核心素养强调对学生物理观念、科学思维、科学探究以及科学态度和责任的培养，物理实验的作用更加突出，物理实验是物理学科核心素养培养的重要组成部分。高中物理实验过程较初中而言，实验原理更加复杂，实验仪器更加精密多样，实验操作过程更为复杂。在现实教学中，物理实验教学往往方式单一，缺乏趣味性。实验过程中，学生无法判断实验数据的正确性，从而无法验证实验结论正确性。为此，基于教学条件和教学过程的考虑，有些学校会取消实验课，直接让学生通过练习题来感知物理实验，这样做不利于学生物理学科核心素养的培养。物理教学需要适应时代和信息技术发展，做到信息化、现代化。

    而随着信息技术的发展，运用信息技术仿真实验和编辑实验数据处理程序，可以有效解决实验数据无法及时处理的问题，切实落实培养学生物理学科核心素养。本文采用 MATLAB 的 GUI 设计了高中物理常规实验数据处理系统，并以"测量电源电动势和电源内阻"实验教学为例加以介绍。

一、"测量电源电动势和内阻"实验基本原理

测量电源电动势和内阻电路图如图 1 所示。

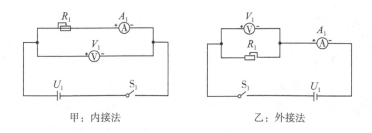

甲：内接法　　　　　　　　　　乙：外接法

图 1

如图 1 所示，相对于电源，甲图所采用的是电流表内接法。根据闭合电路欧姆定律有：

$$E_{测} = U_1 + I_1 r_{测} \qquad ①$$

$$E_{测} = U_2 + I_2 r_{测} \qquad ②$$

式①、②中，$E_{测}$ 和 $r_{测}$ 分别为电源电动势和内阻，U_1、U_2、I_1 和 I_2 分别为多组测量的电压表和电流表读数。

联立可解得：

$$E_{测} = (I_2 U_1 - I_1 U_2) / (I_2 - I_1) \qquad ③$$

$$r_{测} = (U_1 - U_2) / (I_2 - I_1) \qquad ④$$

用描点法画出 $U-I$ 图像，根据数学函数关系可知，$U-I$ 图像中与 Y 轴交点纵坐标的值即为电源电动势，$U-I$ 图像斜率绝对值即为电源内阻。

但是，当前所用的电流表和电压表都是非理想电表，即电流表存在一定的电阻，电压表电阻不是趋于无穷大。此时由图 1 甲可知，当电流表内阻不为 R_A 时，根据闭合电路欧姆定律有：

$$E_{真} = U'_1 + I'_1 (r_{真} + R_A) \qquad ⑤$$

$$E_{真} = U'_2 + I'_2 (r_{真} + R_A) \qquad ⑥$$

式⑤、⑥中，$E_{真}$ 和 $r_{真}$ 分别为电源电动势和内阻，U'_1、U'_2、I'_1 和 I'_2 分别为多组测量的电压表和电流表读数，R_A 为电流表内阻。

联立解得

$$E_{真} = (I'_2 U'_1 - I'_1 U'_2) (I'_2 - I'_1) \qquad ⑦$$

$$r_{真} = (U'_1 - U'_2) / (I'_2 - I'_1) - r_{测} - R_A < r_{测} \qquad ⑧$$

从式⑦、⑧中可以观察到，当电流表内阻存在时，电源电动势的测量值与真实值是一致的，但是电源内阻测量值会大于真实值。

二、实验测量

实验电路连接采用中学电路虚拟实验室软件辅助完成，中学电路虚拟实验室界面如图 2 所示。根据软件可绘制出如图 1 所示的电路和如图 3 所示的实物图。设置电源电动势为 5V，内阻为 2Ω，滑动变阻器内阻为 20Ω，并将电流表电阻设置为 0。通过调节滑动变阻器，并根据电流和电压表表盘读出电路中电流和路端电压读数（电流表和电压表可出现如图 4 所示电流表和电压表表盘），并记录在表 1（电流表内阻为 0 时对应的路端电压和电流）中，将电流表电阻调为 2Ω，重新测量电路中电流和路端电压，并记录在表 2（电流表内阻为 2Ω 时对应的路端电压和电流）中。此时数据测量完毕（见表 1、表 2），下面需对数据进行处理。

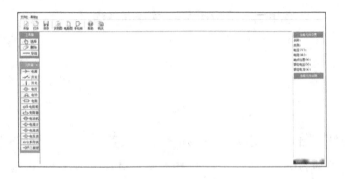

图 2

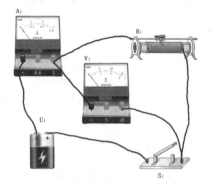

图 3

 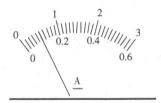

图 4

表 1

物理量	第一组	第二组	第三组	第四组	第五组
路段电压 U/V	0	1.0	2.0	3.0	4.0
电流 I/A	2.50	2.00	1.50	1.00	0.50
电动势 E/V	5	5	5	5	—
内阻 r/Ω	2	2	2	2	—

表 2

物理量	第一组	第二组	第三组	第四组	第五组
路段电压 U/V	1.0	2.0	2.5	3.0	3.5
电流 I/A	1.00	0.75	0.62	0.50	0.37
电动势 E/V	5	4.88	5.08	4.92	—
内阻 r/Ω	4	3.85	4.17	3.85	—

三、实验数据处理

对实验数据进行处理时，采用基于 MATLAB 自编的实验数据处理软件。其软件使用过程如图 5 所示。

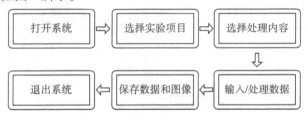

图 5

其主界面和对应实验项目界面分别如图 6 和图 7 所示，在菜单实验项目中可选择常规的高中物理实验。从界面图可以看到，本界面可直接计算得到电源电动势和内阻，并显示数值，同时还可以选择绘制 $U-I$ 或 $I-U$ 图像，快速得出直观结论。

图 6

通过计算得知，当电流变为理想电流表时，电源电动势和内阻与初设值一致。当电流表内阻不为 2Ω 时，电源电动势与初设值一致，电源电动势内阻则大于真实值。当内阻测量值减去电流表内阻值后与真实值一致，即与理论推出的结果一致。另外，通过 $U-I$ 或 $I-U$ 图像，能够直观得到电源电动势和内阻。其中 $U-I$ 图像中与 y 轴的交点的纵坐标值即为电源电动势，直线的斜率的绝对值即为电源内阻，与测量计算值相吻合。

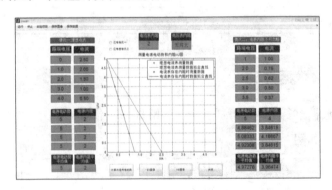

图 7

四、实验数据处理系统拓展

采用 MATLAB 软件设计的高中物理常规实验数据处理系统，操作简单，实用性强。例如，实验项目包括了采用气垫导轨验证牛顿第二定律的实验数据处理。其界面如图8所示，大致实验数据测量和处理过程如图9所示。

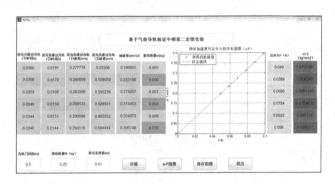

图8

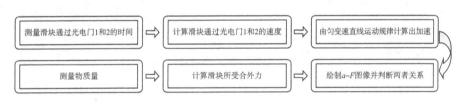

图9

五、小结

采用仿真实验，可提高课堂效率，可快速与学生互动，让学生主动参与到课堂中来，提高课堂趣味性。采用自编数据处理程序，快速处理数据，验证实验假设正确性。另外直接绘制出图像，可快速直观得出教学内容和实验结论，既快速又准确。通过应用证明基于 MATLAB 的高中物理常规实验数据处理系统操作简单，实验内容丰富，系统设计模块化，可根据教学内容的需要设计和添加新的实验项目，有一定的发展空间，具有较高的实用价值。

另外，整个实验过程充分发挥学生主体作用，切实培养了学生物理核心素养，符合现代物理教学的发展。系统设计充分考虑实验过程中物理数据处理复杂性和学生整体感知、直观感受，进一步提升了学生物理学习兴趣和动手操作能力。

参考文献

［1］姬晓丹．浅谈中学物理学科核心素养［J］．课程教育研究．2018（45）：178.

［2］金芝，郑海荣．学科核心素养背景下的物理教学策略思考［J］．湖南中学物理，2019（3）：7－9.

［3］陈丽琴．创新实验教学落实学科核心素养［J］．实验教学，2019（1）：53－54.

［4］王广，邢林芳.MATLAB GUI 程序设计［M］．北京：清华大学出版社，2018.

［5］罗华飞.MATLAB GUI 设计学习手册［M］．北京：北京航空航天大学出版社，2014.

（广东梅县东山中学　熊　亮）